Über die Autoren:

Andy Baggott hat mit zahlreichen Heilern und spirituellen Lehrern aus China, Malaysia, Hongkong sowie Nord- und Südamerika zusammengearbeitet. Heute ist er als Heiler, Dozent und Autor tätig.

Sally Morningstar hat sich mit verschiedenen spirituellen Traditionen auseinandergesetzt und bei indianischen Medizinmännern studiert. Sie leitet eine Klinik für geistiges Heilen.

Andy Baggott
Sally Morningstar

Kristalle, Chakren und Farben

*Eine Einführung in die
Heilkraft der Edelsteine*

Aus dem Englischen von Allessa Olvedy

Die englische Originalausgabe
erschien 1999 unter dem Titel »Crystal Wisdom«
bei Judy Piatkus (Publishers) Ltd., London

Dieses Buch ist Laurie und Lara gewidmet

Besuchen Sie uns im Internet:
www.droemer-weltbild.de

Deutsche Erstausgabe August 2000
Copyright © 1999 Andy Baggott und Sally Morningstar
Copyright © 2000 der deutschsprachigen Ausgabe
Droemersche Verlagsanstalt Th. Knaur Nachf., München
Alle Rechte vorbehalten. Das Werk darf – auch teilweise –
nur mit Genehmigung des Verlages wiedergegeben werden.
Umschlaggestaltung: ZERO Werbeagentur, München
Redaktion: Regina Konrad, München
Satz und Herstellung: Barbara Rabus, Sonthofen
Druck und Bindung: Ebner Ulm
Printed in Germany
ISBN 3-426-87011-8

2 4 5 3 1

Inhalt

Einführung 7
Danksagung 10

Was sind Kristalle? 11
Die Kraft der Kristalle 27
Beschaffung und Verwendung von Kristallen 59
Reinigen, Aufladen und Programmieren
von Kristallen 65
Heilen mit Kristallen 78
Weissagen mit Kristallen 108
Schamanismus, Magie und Zauber 116
Edelsteinelexiere 137

Anhang

Kristalle und ihre Heilwirkungen
von A bis Z 149

Alphabetisches Verzeichnis:
Kristalle für spezielle Symptombereiche 153

Astrologische Zeichen und
zugeordnete Kristalle 154

Einführung

Kristalle faszinierten die Menschheit seit Anbeginn der Zeit durch ihre Mannigfaltigkeit und Schönheit. In früheren Jahrhunderten waren sie wegen ihrer Seltenheit zu teuer, um einfachen Leuten als Schmuck zu dienen. Somit waren sie nur den Reichen und Mächtigen vorbehalten, die ihren Status auch mit Edelsteinen sichtbar machten.

Doch einige unserer weiseren Ahnen betrachteten die Kristalle als heilige Objekte, die von speziellen Kräften durchdrungen waren. So wurden sie zum magischen Werkzeug von weisen Männern und Frauen, deren Reichtum eher auf der geistigen als auf der materiellen Ebene zu finden war. Sie benutzten Kristalle dazu, die innere Harmonie und Balance eines Menschen wiederherzustellen oder aufrechtzuerhalten und ihn vor negativen Einflüssen zu schützen.

Wie wir sehen werden, können Kristalle auf vielfältige Weise angewendet werden und haben eine fast unbegrenzte Heil- und Schutzwirkung. Obwohl sich auch heute nur Reiche seltene Kristalle und fein geschliffene Steine leisten können, gibt es mittlerweile auf der ganzen Welt eine große Auswahl an erschwinglichen Kristallen. So ist es jedem möglich, mit Kristallen zu arbeiten und von ihnen zu lernen.

Dieses Buch ist eine Reise in die außergewöhnliche Welt der Kristalle. Wir beginnen mit einer kurzen geschichtlichen Einführung, gefolgt von einer detaillierten Analyse ihrer Heilkräfte und den vielfältigen Einsatzmöglichkeiten. Es folgen Kapitel über die konkrete Anwendung von Kristallen zur persönlichen Kräftigung und Heilung. Um Kristalle verstehen zu können, ist es unbedingt notwendig, ihre Wirkung selbst zu erfahren. Dazu werden in diesem Buch praktische Übungen angeboten.

Wir erklären Ihnen zunächst, wie Sie Ihren persönlichen Heilstein finden können, wie Sie ihn reinigen und so programmieren, daß er Ihnen Unterstützung gibt und seine Weisheit offenbart. Als Nächstes erörtern wir die praktische Anwendung von Kristallen im täglichen Leben. Das wird Ihnen helfen, sich mit der unglaublichen Vielfalt und den Heilkräften der Kristalle vertraut zu machen. So schaffen Sie sich eine gute Grundlage, um die tieferen Aspekte Ihrer Kraft erforschen zu können.

Zudem finden Sie Anleitungen zur Weissagung und zum schamanistischen Gebrauch von Kristallen sowie zur Herstellung und Anwendung von Edelsteinelixieren. Dieses Buch kann Ihr Leben positiv beeinflussen. Wenn Sie sich mit der Schönheit der Kristalle befassen, werden Sie dadurch Zugang zu Ihrer eigenen inneren Schönheit finden. Wenn Sie beginnen, Kristalle zu verstehen und mit ihnen zu arbeiten, werden Sie ein tieferes Verständnis für sich selbst und andere gewinnen. Viele der alltäglichen Probleme beruhen auf Missverständnissen und mangelnder Kommunikation. Das Arbeiten mit Kristallen wird eine bessere Kommunikation zwischen Ihnen und anderen fördern und somit zur Lösung von Problemen beitragen, mit denen Sie im täglichen Leben konfrontiert sind.

Die Kristalle allein können Ihnen jedoch nicht die richtigen Antworten liefern; Sie werden nicht weiser, nur weil

Sie Kristalle um sich haben. Kristalle sind Werkzeuge, die Sie dazu auffordern, sich mit ihnen zu beschäftigen, bevor ihre wahre Kraft zu Tage treten kann. Wenn Sie sich verändern wollen und wenn Sie eine größere Balance in Ihrem Leben anstreben, werden die Kristalle Ihnen helfen. Das Interesse und die Bereitschaft müssen jedoch aus Ihrem Inneren kommen. Sie können andere Menschen nicht verändern – Sie können nur sich selbst verändern. Dasselbe gilt für die Kristalle. Sie können nicht verändern, was nicht verändert werden will; sie können nicht heilen, was nicht geheilt werden will.

Dieses Buch kann besonders hilfreich für Sie sein, wenn Sie es mit offenem Herzen und offenem Geist lesen. Die moderne Wissenschaft akzeptiert nichts, was nicht empirisch genau zu beweisen ist. Insbesondere die Quantenphysiker, aber auch andere Wissenschaftler beginnen jedoch zu verstehen, dass dieser Wissenschaftsbegriff überholt und begrenzt ist. Manchmal muss man darauf vertrauen, dass sich der Beweis irgendwann in der Zukunft zeigt. So ist es auch mit den Kristallen. Wir können nicht beweisen, dass das, was wir sagen, wahr ist. Wir wissen lediglich, dass es funktioniert, und vertrauen darauf, dass es eines Tages zu beweisen ist. Wir fordern Sie dazu auf, dasselbe zu tun. Probieren Sie es aus; verlassen Sie sich auf Ihr Gefühl und Ihre Intuition. Wenn die Weisheit dieses Buches in Ihnen Resonanz findet, umarmen Sie sie. Wenn Sie nicht ganz akzeptieren können, was Sie da lesen, weisen Sie es nicht sofort von sich, sondern bleiben offen. Nur auf diese Art können wir Weisheit erlangen.

Danksagung

Ich möchte Susan Mears und allen Mitarbeiterinnen und Mitarbeitern des Piatkus-Verlags für ihre Unterstützung danken. Ich bedanke mich bei meinen Lehrern, den früheren und den jetzigen, deren Weisheit und Mitgefühl mich nach wie vor zutiefst berühren. Auch bei Mel Bronstein, einem wunderbaren Heiler, Freund und Ra.geber, möchte ich mich bedanken. David danke ich dafür, dass er so einzigartig und verständnisvoll ist. Ich danke meiner wunderbaren Mutter für ihre unschätzbare Weisheit, die mich nach wie vor leitet und mir in so vielerlei Hinsicht weiterhilft. Und zuletzt umarme ich meinen Sohn, Laurie Joel, der für mich ein ganz besonders wertvolles Juwel ist und immer sein wird.

Sally Morningstar

Ich möchte folgenden Personen danken: meiner Partnerin Debbie für ihre Weisheit, ihre Unterstützung und das Korrekturlesen; meinem Vater, Reverend Michael Baggott, der mich stets mit den neuesten Informationen auf dem Laufenden hielt; Peter Pracownik, der mich seine Bibliothek benutzen ließ; Susann Mears, meiner Agentin, für ihren ständigen Einsatz sowie allen Mitarbeiterinnen und Mitarbeitern des Piatkus Verlags für ihren Enthusiasmus und ihre Unterstützung. Und ich danke all den lieben Freunden und Klienten, die mir im Laufe der Jahre Kristalle geschenkt haben.

Andy Baggott

Was sind Kristalle?

Die Erde ist mit einer Vielzahl von Gesteinen bedeckt, die aus etwa zweitausend verschiedenen Bestandteilen zusammengesetzt sind. Diese Bestandteile nennt man Mineralien. Genau genommen bestehen alle Mineralien aus Atomen, die systematisch angeordnet sind. Man nennt sie kristalline Mineralien. Jedes Teil eines Minerals, das einen festen, geometrisch regelmäßig geformten Körper aufweist, ist ein Kristall. Die Größe eines Kristalls kann sehr stark variieren: Manche sind so klein, dass sie nur mit Hilfe eines Mikroskops zu sehen sind, andere dagegen so riesig, dass sie sich nur mit einem Kran bewegen lassen.

Wie Sie vielleicht schon bemerkt haben, haben Blöcke aus normalem Granit, die man früher zum Häuser bauen verwendete, keine einheitliche Farbe, sondern weisen mehr oder weniger durchsichtige Flecken auf. Das sind winzige Kristalle. Sind sie grau, handelt es sich vermutlich um Quarze. Weiße oder rosa Tupfen im Granit sind Feldspat, und schwarze Flecken sind meistens Katzensilber. Diese verschiedenfarbigen Kristalle entstanden vor Millionen von Jahren, als Steine noch flüssige Lava waren. Diejenige Lava, die hauptsächlich aus Kieselerde bestand, beinhaltete auch andere Mineralien; als die Lava abgekühlte und glühende Gesteinsbrocken bildete, formten sich inmitten dieser Gesteinsbrocken eigene Kristalle aus den Mineralien.

Kristalle entstehen auch auf andere Art und Weise. Wasser ist zum Beispiel in der Lage, Mineralien aufzulösen. Salz ist eines der zahlreichen kristallinen Mineralien, die sich im Wasser auflösen. Es ist schwer vorstellbar, dass sich ein so hartes Gestein wie Quarz im Wasser auflösen kann, aber bei bestimmten Bedingungen (insbesondere bei hohen Temperaturen und Hochdruck) kann das geschehen. Dieses Prinzip wird täglich von der Elektroindustrie bei der Herstellung von Quarzkristallen angewandt. Feste Kristalle können auch durch Gase geformt werden; diesen Vorgang nennt man Sublimation. Am besten ist das bei Vulkanen zu sehen; dort bilden sich im entweichenden Gas Schwefelkristalle, die im abgekühlten Zustand an den Vulkanöffnungen sichtbar werden.

Ein Kristall wächst wie ein Gebäude aus magnetischen Ziegelsteinen. Ein paar winzige kristalline Atome (ein Ziegel) verbinden sich zu einer zusammenhängenden Form, an die sich durch elektrische Anziehung Gruppen derselben Atome (weitere Ziegel) anlagern. Die Größe eines Kristalls hängt weitgehend von der Verfügbarkeit gleicher Atome und von den jeweiligen Wachstumsbedingungen (beständige Hitze und Druck) ab.

Kristalle entwickeln sich nicht alle mit derselben Geschwindigkeit und können auch in verschiedene Richtungen wachsen. Dabei bilden sie Enden, die man »Kristallspitzen« nennt. Nicht alle Kristalle, die sich zu Blöcken formieren, sind quadratisch. Es gibt sieben Grundstrukturen: die trikline, die monokline, die rhombische, die tetragonale, die hexagonale, die kubische und die trigonale. Diese verschiedenartig geformten, Kristalle bildenden Blöcke bestimmen Farbe und Größe des endgültigen Kristalls.

Der Quarz ist ein Kristall des trigonalen und hexagonalen

Systems. Während er wächst, kann er andere Mineralien in sich einschließen. Diese können entweder im Kristall integriert sein, wodurch sie seine Farbe beeinflussen, oder ich zu Kristallen einer anderen Art entwickeln, die in eine größere Formation eingebettet sind. Amethyst und Citrin sind Quarzarten, die ihre Farbe auf diese Weise verändert haben. Turmline zum Beispiel können in einem sonst perfekt geformten Quarz eingeschlossen sein. Man kann auch kleine Ablagerungen anderer Mineralien in einem Kristall finden, die dann seltsame Bilder hervorrufen. Diese werden Phantome genannt (siehe Seite 38).

Jedes Gestein enthält Kristalle, deshalb kann eigentlich jeder Stein als Kristall bezeichnet werden. Einige alte Kulturen verehrten alle Steine, seien es nun schillernde Kristalle oder Brocken schlichten Gesteins. Was die meisten Leute für Kristalle halten, sind in Wirklichkeit Edelsteine. Sie sind sehr begehrt und werden ihrer unglaublichen Schönheit und Seltenheit wegen hoch geschätzt. Es ist erwähnenswert, dass es ein paar nicht kristalline Substanzen gibt, die als Kristalle bezeichnet werden, obwohl sie ihrem Ursprung nach organisch sind. Dazu gehören Bernstein, Koralle, Perle und Pechkohle.

Von den etwa zweitausend kristallinen Mineralien werden nur etwa einhundert als Edelsteine klassifiziert, und nur 16 davon sind auf dem internationalen Markt von Bedeutung. Dies sind in alphabetischer Anordnung: Beryll, Chrysoberyll, Diamant, Feldspat, Granat, Jade, Korund, Lasurit, Olivin, Opal, Quarz, Spinell, Topas, Turmalin, Türkis und Zirkon.

Das Messen der Härtegrade von Kristallen

Die Härte eines Kristalls wird mittels einer Skala gemessen, die der deutsche Mineraloge Friedrich Mohs im Jahr 1812 festlegte. Sie beginnt mit eins für den weichsten Grad und reicht bis zehn für den härtesten.

Die folgende Tabelle zeigt den Härtegrad der Hauptmineralien nach Mohs:

Mineral	Mohs Härtegrad
Beryll	7,5–8
Chrysoberyll	8,5
Diamant	10
Feldspat	6
Granat	7,5
Jade	6
Korund	9
Lasurit	5–5,5
Olivin	6,5–7
Opal	7
Quarz	7
Spinell	8
Topas	8
Turmalin	7–7,5
Türkis	6
Zirkon	7,5

Die Härteskala ist bei der Suche nach Kristallen sehr nützlich, weil sie die Identifizierung erleichtert. Das ist vor allem hilfreich, wenn Sie einen persönlichen Heilstein in der Natur finden wollen (siehe Seite 59), da man ungeschliffene Kristalle oftmals nicht durch Hinsehen allein erkennen kann.

Hier einige Beispiele:

Talk	1
Gips	2
Calcit	3
Fluorit	4
Apatit	5
Orthoklas	6
Quarz	7
Topas	8
Korund	9
Diamant	10

Wenn sich eine Substanz mit einem Quarz, doch nicht mehr mit Orthoklas ritzen lässt, hat sie nach Mohs einen Härtegrad zwischen sechs und sieben. Es ist wichtig, sich zu vergewissern, dass tatsächlich ein Kratzer sichtbar ist; sonst handelt vielleicht nur um die »Kreide«, die entsteht, wenn man zwei Substanzen aneinander reibt. Sie sollten auch beachten, dass die Tabelle nicht linear verläuft. Das bedeutet, dass die Härteunterschiede zwischen den Punkten auf der Skala nicht gleich sind. Wäre das so und Korund würde Grad neun beibehalten, dann hätte ein Diamant einen Wert von 42, da der Diamant viermal so hart ist wie der Korund. Wenn Sie auf der Suche nach Kristallen sind, werden sich die folgenden Vergleiche bei der Auswertung ihrer Funde als sehr nützlich erweisen:

Fingernagel	2+ (das heißt: etwas mehr als zwei, aber nicht 2½)
Kupfermünze	ungefähr 3
Taschenmesserklinge	5+
Fensterglas	5½
Stahlfeile	6½

Wenn die Substanz, die Sie testen, beispielsweise kein Glas schneiden kann, muss sie nach Mohs eine Härte von weniger als fünfeinhalb haben. Falls die Substanz von einer Kupfermünze geritzt werden kann, hat sie weniger als drei und ist höchstwahrscheinlich kein Kristall.
Alle Steine, die nach Mohs einen Härtegrad unter sieben haben, können durch Schleuderverfahren poliert werden. Man kann sie beispielsweise in einen mit Wasser und Schleifsand gefüllten Zylinder geben und sie darin schleudern. Die Steine sind dann poliert, haben aber eine unregelmäßige Form, was sie sehr attraktiv macht und ihre Heilkraft in keiner Weise beeinträchtigt. Diese Steine können auch als Cabochon geschliffen werden, indem man eine konvex abgerundete Oberfläche unfacettiert poliert, mit einer Endpolitur an einem Sandsteinrad. Aus den Steinen können auch Vögel und Tierformen gemeißelt werden; das ist besonders dann nützlich, wenn sie auf schamanische Art mit Kristallen und Totemtieren arbeiten wollen (siehe Seite 116 bis 136).

Die verschiedenen Arten von Kristallen

Da es verschiedene Arten von Kristallen gibt, benutzt man den Namen des Minerals als »Familiennamen«. Familien wie Quarz und Beryll haben mehrere Mitglieder, der Diamant und der Granat hingegen haben jeweils nur ein Mitglied. Wir erwähnen hier nicht alle Familienmitglieder, sondern nur diejenigen, deren Heilkräfte und magische Eigenschaften bekannt sind.
Es folgen die Kristalle, die zu den 16 wichtigsten Familien gehören:

Beryll

Das Wort »Beryll« kommt vom altgriechischen »beryllos«, »grüner Stein«. Mittlerweile umfasst diese Familie jedoch eine größere Farbpalette. Der bekannteste Stein aus der Beryll-Familie ist der Smaragd. Obwohl im Allgemeinen grün, können Smaragde auch in Farbschattierungen von blassem bis dunklem Blaugrün vorkommen. Eine weitere sehr bekannte Beryllart ist der Aquamarin mit seiner wunderschönen meergrünen Farbe. Andere weniger bekannte Mitglieder sind der Heliodor (hellgelb), Morganit (rosa) und der Goldberyll. Alle haben ihren individuellen Charakter und ihre besonderen Heilkräfte.

Chrysoberyll

Im antiken Griechenland bedeutete »chrysos« »goldgelb«. Der Name »Chrysoberyll« bezeichnet einen Stein mit goldenen, gelblichen und grünen Farbnuancen. Das ist etwas irreführend, denn der bekannteste Stein der Chrysoberyll-Familie ist der Alexandrit, dessen Farbschattierungen von Grün (im Tageslicht) bis zu Hellrot reichen, wenn man ihn in helles Licht hält. Ein weteres auffälliges Exemplar dieser Familie ist das Katzenauge mit einer schmalen, strahlend blauen oder einer weißen, seidig schimmernden Linie in seinem Zentrum, das an ein Katzenaug erinnert. Diese Steine sind relativ selten und wurden schon immer für Glücksbringer gehalten.

Diamant

Ursprünglich aus dem griechischen »adamas« abgeleitet, was »unbesiegbar« bedeutet, ist der Diamant als König der Kristalle bekannt. Als kraftvoller Meister-Heilstein kann er farblos, schwarz oder weiß sein. Er kommt auch in blassen Schattierungen von Rosa, Gelb, Rot, Orange, Blau, Braun und Grün vor.

Feldspat

Die Familie des Feldspats umfasst drei starke Heilkristalle – den Mondstein (farblos, milchig weiß, gelb oder blaugrau), den Amazonenstein (gelbgrün bis blaugrün) und den Sonnenstein (farblos mit rötlichem Glühen).

Granat

Granate erkennt man an ihrer tiefroten Farbe; ab und zu kommt er auch in lila Schattierungen vor. Sie wurden lange Zeit als magische Steine verehrt und als Amulette getragen, um ihrem Besitzer Stärke und Dynamik zu verleihen. Sie sind starke Schutzsteine und wurden zur Abwehr dunkler Energien, nächtlicher Dämonen und teuflischer Kräfte verwendet.

Jade

Die ursprüngliche Bedeutung des Wortes »Jade« ist unbekannt. Die Bezeichnung »Jadeit« (eine der kristallinen Formen der Jade), ist aus dem Spanischen abgeleitet; »piedra de ijada« bedeutet so viel wie »Stein der Seite«. Es hieß, dieser Stein könne Nierenleiden heilen, wenn man ihn an der Seite des Körpers befestige. Jade findet man in den Farben Schneeweiß, Schwarz, Rot, Grün, Gelb und Blau. Dieser wirkungsvolle Heilstein findet seit Jahrhunderten besonders im Orient Verwendung.

Korund

Wahrscheinlich stammt dieses Wort aus dem Sanskrit: »kuruvinda« bedeutet so viel wie »Rubin«. Diese Familie besteht aus zwei Hauptzweigen, die sich durch ihre Farbgebung unterscheiden. Ein roter Korund wird als Rubin bezeichnet. Alle andersfarbigen Korunde, die blau, orange, gelb, rosa, grün und lila sein können, werden als Saphire klassifiziert. Rubine haben alle dieselben Heilkräfte; hingegen werden die Heilkräfte der Saphire von ihrer individuellen Färbung bestimmt.

Lasurit
Der Name »Lasurit« kommt aus dem altpersischen »lazhuward«, das sich auf das einzige Exemplar dieser Familie bezieht, den wunderschönen, tiefblauen bis azurblauen Lapislazuli. Dieser Stein hat viele wohltuende Eigenschaften und ist einer der Favoriten der Steinheilkunde. Er wurde vielfach im alten Ägypten benutzt und ist auch als »Himmelsstein« bekannt, da sein Aussehen an Sterne am Nachthimmel erinnert.

Olivin
Olivin ist von der olivgrünen Farbe des einzigen Exemplars dieser Familie, des Peridot abgeleitet. Die Farben des Peridot bewegen sich zwischen Gelbgrün und Flaschengrün. Der Olivin galt ursprünglich als ein Geld anziehender Stein, obwohl man ihn auch dazu benutzt, die Aufmerksamkeit einer geliebten Person auf sich zu lenken.

Opal
Wahrscheinlich von dem Sanskritwort »upala«, »wertvoller Stein«, abgeleitet, kommen Opale in einer Vielzahl von Typen und Farben vor. Es gibt den Feueropal (rot bis orange mit feurigem Glühen), den Goldenen Opal (rot bis orange ohne »Feuer«), den Wasseropal (farblos und klar),

den Weißen Opal (milchig weiß), den Rosa Opal (rosa bis lavendelfarben) und den Schwarzen Opal (schwarz bis grau). Jeder von ihnen hat seine ganz eigenen Heilqualitäten. Seit jeher verwendet man sie bei inneren Prozessen und Astralreisen, aber auch zur Aktivierung der inneren Schönheit.

Quarz
Die Quarze (der Name ist deutschen Ursprungs) bilden wahrscheinlich die wichtigste und bekannteste aller Kristall-Familien mit einer unglaublichen Vielfalt an Formen und Farben. Dazu gehören der Bergkristall, der aus klarem, reinem Kristallquarz besteht, Amethyst (lila), Citrin (gelb), Rauchquarz (rauchig grau bis braun), Rosenquarz (rosa), Achat (verschiedene Farben), Chalcedon (verschiedene Farben), Moosachat (durchsichtiger Chalcedon mit feinen moosähnlichen Einschlüssen) und Feuerstein (verschiedene Farben). Die Kristalle dieser Familie sind die am meisten verwendeten Heilsteine und auch am leichtesten erhältlich.

Spinell
Der Name ist vom lateinischen »spina« (Dorn) abgeleitet. Die seltenen, spitzen Exemplare dieser Kristall-Familie können farblos sein, kommen jedoch auch in allen Regenbogenfarben vor. Der Spinell wurde seit jeher als Schutzstein verwendet, da sein Erscheinungsbild einem Dorn gleicht. Er wirkt als Beschützer und Energieverstärker.

Topas
Der griechische Begriff »topazion« bedeutete einst allgemein »Edelstein«. Den Topas findet man in Goldgelb, Blau

und Rot. Er beschützt seinen Träger vor negativen Emotionen, den eigenen sowie denjenigen, die andere auf ihn richten. Er kann Negativität in Positivität verwandeln.

Turmalin

Diese Bezeichnung leitet sich vom singhalesischen »turmali« ab, das sich auf im Wasser geformte Kieselkristalle, die hauptsächlich in Sri Lanka vorkommen, bezieht. Turmaline gibt es in einer großen Farbenvielfalt. Die Turmaline, die am häufigsten zum Heilen benutzt werden, sind grün, rosa, blau und gelb.

Türkis

Türkis kommt von »türkisch« und bezieht sich auf die persischen Kristalle, die über die Handelsrouten der Alten Welt in die Türkei gelangten. Fälschlicherweise nahm man an, dass die Steine aus der Türkei stammten. Türkise findet man in Himmelblau bis Grünblau. Für die Indianer ist er ein heiliger Stein und gilt als einer der wichtigsten Steine, die Schutz und Heilung ermöglichen. Seine blaue Farbe wirkt besänftigend. Zudem wird er als Glücksstein am Körper getragen.

Zirkon

Der Zirkon (ursprünglich ein französischer Name) ist besonders wegen seiner doppelt pyramidischen Struktur interessant. Der klare Zirkon wird gern als Ersatz für den weitaus teureren Diamanten verwendet. Er hat eine spezielle Verbindung zum Gehirn (er ist insbesondere mit dem Zentrum, das den Appetit kontrolliert, verbunden).

Die Geschichte der Kristalle

Die frühesten archäologischen Beweise, dass Menschen Kristalle benutzt haben, kommen nicht aus Ägypten, wie man vielleicht vermuten würde, sondern aus der biblischen Stadt Ur, der Hauptstadt Babyloniens. Zwischen 1922 und 1934 wurden in diesem Gebiet, das heute zum Irak gehört, viele zu Schmuck verarbeitete Kristalle gefunden. Königliche Grabstätten aus der Zeit um 2500 vor Christus, vor allem das Grab von Königin Pu-abi, enthielten große Mengen anspruchsvollen Gold- und Silberschmucks mit Lapislazuli, Karneol und Achat. Die hohe künstlerische Qualität beweist, dass die Sumerer, die das damalige Babylonien besetzt hielten, sich schon vor 2500 vor Christus mit Kristallen beschäftigt haben.

Die Sumerer müssen Händler gewesen sein, da der Lapislazuli, den sie benutzten, bis nach Badakhshan im Osten von Afghanistan zurückverfolgt werden kann. Auch die Metalle kamen wahrscheinlich aus dem benachbarten Iran (das Gebiet wurde damals Anatolien genannt). Wegen der großartigen Vielzahl archäologischer Funde geht man davon aus, dass es damals enorme Mengen an Kristallen gegeben hat. Man fand beispielsweise babylonische Schriften, die die Beziehung zwischen bestimmten Kristallen und Planeten erklären. Merkur wurde mit dem Achat in Verbindung gebracht, Venus mit dem Smaragd, Mars mit dem Rubin, Jupiter mit einem Jacynth und Saturn mit dem Saphir. Die Sonne war dem Diamanten zugeordnet und der Mond einem Stein, der Selearit hieß. Offensichtlich wandten die Sumerer dieses Wissen bei der Arbeit mit Kristallen an. Damals wurde Schmuck nicht nur zur Zierde hergestellt, sondern um bestimmte magische Energien der Planeten anzuziehen und die Träger des Schmucks dadurch zu stärken.

In einer der Pyramiden Ägyptens, die 1500 vor Christus erbaut wurde, fand man ein Stück Papyrus, das heute als »Papyrus Ebers« bekannt ist. Dieser Papyrus enthält detaillierte Informationen über die heilenden Eigenschaften vieler Kristalle. Archäologische Funde aus dem Reich der Mitte, die in die Zeit von 2040 bis 1730 vor Christus zu datieren sind, zeigen den weit verbreiteten Gebrauch von Kristallen, vor allem von Karneol, Granat, Amethyst, Türkis, Lapislazuli und Grünem Feldspat.

In der Bibel werden über zweihundert Kristalle erwähnt. Drei Hinweise sind besonders bemerkenswert. Im Alten Testament wird die Brustplatte des Hohepriesters beschrieben (Exodus 28:17–20). Sie war mit Sarder, Topas, Granat, Smaragd, Saphir, Lynkurer (eine Art Edelstein), Achat, Amethyst, Beryll, Onyx und Jaspis besetzt. Verschiedene Übersetzungen listen bis zu 27 unterschiedliche Kristalle auf. Die Ornamente auf dem Umhang des Königs von Thyros (Hesekiel 28:13) weisen neun der oben genannten Steine auf. Im Neuen Testament wird beschrieben, dass die Fundamente der Goldenen Stadt (Offenbarungen 21:10–20) aus neun der oben genannten zwölf Steine und drei weiteren Kristallen bestehen – dem Chalcedon, dem Sardonyx und dem Chrysopras.

Überall in der Welt, in allen alten Kulturen, bei den Aborigines, den Indianern, den Mayas, den Tibetern, den Kelten, den Ägyptern und den Azteken wurden Kristalle verehrt und sehr wirkungsvoll zum Heilen und für magische Rituale verwendet.

Kristalle und Chakren

Kristalle können sich auf alle Aspekte unseres Wesens einschwingen – auf unseren physischen Körper, unsere Emotionen, unseren Verstand, unseren Geist und unseren feinstofflichen Körper. Auch unsere Chakren schwingen und können deshalb mit Kristallen geheilt werden.
Chakren sind Zentren im menschlichen Körper, in denen Lebensenergie gespeichert wird. »Chakra« ist ein Wort aus dem Sanskrit und bedeutet »Rad«. Chakren sind Energiewirbel; sie senden und empfangen Energie, die der Körper zur Erhaltung seines Lebens benötigt. Die sieben Haupt-Chakren des Körpers befinden sich am Scheitel (Scheitel-Chakra), an der Stirn (Stirn-Chakra, Drittes Auge), der Kehle (Hals-Chakra), dem Herzen (Herz-Chakra), dem Sonnengeflecht (Solarplexus-Chakra), dem Bauch (Sakral-Chakra) und am Damm zwischen den Beinen (Wurzel-Chakra).
Es gibt ein paar kleinere, aber nicht minder wichtige Chakren im menschlichen Körper. Sie befinden sich in den Füßen, Händen und Knien; dazu kommen noch subtilere Chakren, die sich unter den Füßen und über dem Kopf befinden. Diese Chakren sind für die Belebung der feinstofflichen Körper und der Aura zuständig. Sie arbeiten nach einem übergeordneten Plan, der die individuelle Persönlichkeit erschafft. Auf diese Weise wird Lebensenergie in den Körper geleitet, die dem Individuum Wachstum und Erleuchtung ermöglicht.
Die Aura ist ein elektromagnetisches Feld, das ausstrahlt und den physischen Körper umgibt. Ihre Größe und Strahlkraft wird von unserem Gesundheitszustand und unserem emotionalen Wohlbefinden beeinflusst. Das

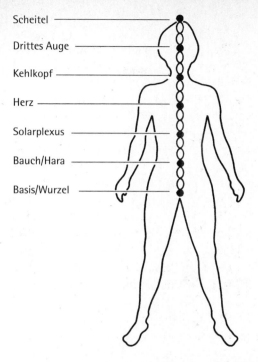

Die sieben Haupt-Chakren des menschlichen Körpers

Lesen einer Aura kann deshalb wertvolle Hinweise darauf geben, was im physischen Körper vor sich geht. Außer dem physischen Körper haben wir auch mehrere feinstoffliche Körper. Diese Körper sind sehr subtil. Es handelt sich dabei um Energiebahnen, die für das normale Auge unsichtbar sind und den physischen Körper umgeben. In diesen werden die verschiedenen Frequenzen der Lebensenergie so transformiert, dass sie für die physischen Chakren zugänglich ist. Jeder feinstoffliche Körper und jedes Chakra schwingen auf einer bestimmten Frequenz, von der niedrigsten Schwingung des Wurzel-Chakras bis zur höchsten des Scheitel-Chakras, vergleichbar den Noten auf einer musikalischen Skala.

Da die Chakren mit den sieben Farben des Regenbogens in Resonanz stehen, zeigen die Farben der Kristalle und Edelsteine ganz klar an, mit welchen Chakren sie verbunden sind. In der Regel harmonisiert ein roter Stein das Basis- oder Wurzel-Chakra, ein orangener Stein das Sakral-Chakra oder Hara, ein gelber Stein das Solarplexus-Chakra, ein grüner Stein das Herz-Chakra, ein blauer Stein das Hals-Chakra, ein indigoblauer Stein das Dritte Auge und ein violetter Stein das Scheitel-Chakra. Mehr über das Heilen von Chakren mit Kristallen finden Sie auf Seite 78 bis 107.

Die Kraft der Kristalle

Auf Grund seiner regelmäßigen Struktur ist ein Kristall in der Lage, Energie zu speichern und weiterzugeben. Diese Energie in Form von Schwingung kann man verwenden, um Menschen, Tiere, Pflanzen und sogar Räume wieder ins Gleichgewicht zu bringen. Eine disharmonische Schwingung kann durch Schock, Trauma, Verletzung, negative Gedanken und Gefühle und eine Reihe weiterer Faktoren ausgelöst werden. Wenn negative Energie mit einem Kristall in Kontakt kommt, wird diese Energie von dem regelmäßigen Muster des Kristalls reguliert; sie wird wieder Teil der harmonischen Schwingung eines gesunden Umfelds.

Die Wiederherstellung der Harmonie ist nur eine von vielen Fähigkeiten, die ein Kristall besitzt. Kristalle dienen auch als Katalysatoren bei Veränderungen im Bewusstsein. Sie sind kraftvolle Verbündete bei der Meditation und Visualisierung, da sie den Geist beruhigen und zentrieren können. Die moderne Wissenschaft beginnt gerade erst, die Macht der Visualisierung zu erkennen. In einem neuen Zweig der westlichen Medizin, der Psychoneuroimmunologie, wird der Versuch unternommen, mit kreativer Visualisierung Krankheiten wie Krebs und AIDS zu bekämpfen. Es gibt bereits sehr ermutigende Ergebnisse. Die Macht des Geistes ist groß, ganz besonders in Kombination mit der Kraft der Kristalle.

Die Wirkung der Farben

Jeder Kristall hat auf Grund seiner chemischen Struktur und Schwingung spezielle Heilkräfte. Außerdem haben gleichfarbige Kristalle auch dieselben Grundeigenschaften. Bevor wir uns den Fähigkeiten der verschiedenen Kristalle zuwenden, wollen wir zunächst die Eigenschaften der einzelnen Farben betrachten, da beide untrennbar miteinander verbunden sind.

Rot

Rot ist die Farbe der Dynamik und der nach außen gerichteten Energie. Wir benutzen Redewendungen wie »ein rotes Tuch« (gemeint ist das rote Tuch eines Toreros), oder »rot sehen«; sie stehen für den Wut- und Zornaspekt dieser Farbe. Rot ist eine sehr stimulierende und anregende Farbe und verstärkt Emotionen. Wenn wir Rot zu Heilzwecken verwenden, sollten wir damit nur unseren Selbstausdruck unterstreichen, nicht aber Aggressionen verstärken.

Wie die glühende Kohle eines Feuers hat Rot eine wärmende Ausstrahlung und ist dadurch bei der Behandlung von allen Krankheiten, die mit Kälte oder mangelndem Energiefluss im Körper zu tun haben, von Nutzen. Als Beispiele seien Arthritis, Rheuma, Hexenschuss, Ischias und jegliche Steifheit der Muskeln und Gelenke genannt. Es fördert die Produktion roter Blutkörperchen, verbessert eine träge Menstruation und stimuliert das autonome Nervensystem. Rot steht auch für sexuelle und fruchtbare Energie und ist daher hilfreich bei Impotenz, Frigidität und Fruchtbarkeitsstörungen. Zu den roten Kristallen gehören Achat, Karneol, Granat, Rubin und Spinell.

Orange

Orange ist ebenfalls eine aktivierende und stimulierende Farbe, eine Mischung aus intellektueller und fruchtbarer Energie. Orange fördert die Verdauung und ermöglicht das Aufnehmen von Nährstoffen sowie das Verwerten von Erfahrungen (geistige Verdauung). Orange stimuliert die Lungenfunktion und gewährleistet dadurch einen höheren Sauerstoffgehalt im Körper.

Orange lindert menstruelle Krämpfe, wirkt Blähungen entgegen und hilft bei Geschwüren und Abszessen. Es beruhigt die Nebenschilddrüse und stimuliert die Schilddrüse, was wiederum die Milchproduktion bei stillenden Müttern aktiviert.

Orangefarbene Kristalle sind Bernstein, Karneol, Citrin, Rauchquarz und Topas.

Gelb

Gelb ist die Farbe des Intellekts und der Intelligenz. Es wirkt ausgleichend auf den Geist und ist somit bei der Behandlung von psychischen Problemen und Krankheiten sehr nützlich.

Es stärkt das Selbstvertrauen und gibt Mut. Gelb unterstützt alle Arten von Assimilation im Körper, stimuliert das Lymphsystem und energetisiert Leber, Gallenblase, Augen und Ohren. Gelb hilft arthritische Kalkablagerungen zu lösen, indem es den Körper stimuliert, Harn- und Milchsäurekristalle aufzulösen, die Rheuma und Gicht verursachen.

In vielen Kulturen ist es Tradition, Kranken gelbe Blumen zu schenken. Wenn man sich geistig erschöpft fühlt, ist es sehr hilfreich, einen gelben Kristall in der Hand zu halten. Gelbe Kristalle sind Citrin, Topas und Gelber Zirkon.

Grün

Grün ist die Farbe der Intuition und Weisheit. Es ist die Farbe zwischen dem heißen und wärmenden Rot, Orange und Gelb und dem kühlen Blau, Indigo und Violett. Grün ist die Farbe der Natur und der Harmonie. Sie ist dem Herzen zugeordnet, da wahre Heilung vom Herzen kommt, das ausgleicht und nicht urteilt. Grün ist weder heiß noch kalt. Es kann die Balance zwischen Körper und Geist wiederherstellen. Wenn Sie unter Stress leiden, sollten Sie einen Spaziergang im Park oder auf dem Land machen, bei dem Sie die ausgleichende, beruhigende Kraft dieser Farbe spüren werden.

Grün stimuliert die Hirnanhangsdrüse und unterstützt das Zellwachstum und die Zellregeneration. Diese Farbe heilt offene Wunden, Schnittverletzungen, Blutergüsse und schlecht verheilende Narben. Sie ist auch bei Blutgerinnseln und Infektionen sehr hilfreich.

Grüne Kristalle sind der Smaragd, Jade, Moosachat, Peridot und Turmalin.

Blau

Blau ist eine kühle, besänftigende Farbe. Es bildet eine Schutzschicht um Sie herum, wodurch Sie sich glücklich und sicher fühlen. Blau erdet abgehobene Energien und beruhigt Aufregung. Blau fördert den Schlaf. Sollten Sie jemals eine Katze in Ihrem Bett gehabt haben, so konnten Sie vielleicht bemerken, dass sie anfing zu schnurren, als Sie gerade am Einschlafen waren. Wenn Sie tief entspannt sind, verändert sich das elektromagnetische Feld Ihres Körpers und es entsteht ein blassblaues Licht, das für Katzen sichtbar ist. Sie empfinden dieses Licht als sehr angenehm und schnurren dann aus Wohlgefühl.

Blau kann Fieber senken und hilft bei Infektionen, Entzündungen, Depressionen, Irritationen, Juckreiz und Verbrennungen. Blau wird mit dem Hals-Chakra assoziiert sowie mit Sprache und Gesang. Es ist eine stark reinigende Farbe. So heißt es, dass Brunnenwasser, das man in einer blauen Glasflasche aufbewahrt, nicht schal wird. Viele Therapeuten, die mit energetischen Schwingungen arbeiten, bewahren ihre Essenzen in blauen Flaschen auf. Blaue Kristalle sind der Aquamarin, Blaubandachat, Celestit und Saphir.

Indigo

Diese besänftigende Farbe stimuliert die rechte Gehirnhälfte – das ist die kreative, intuitive Seite. Indigo ist sehr hilfreich bei der Behandlung von Neurosen und bei jeglicher Art von emotionalen und geistigen Umbrüchen. Indigo wirkt bei nervösen Störungen als Beruhigungsmittel auf der physischen, emotionalen oder spirituellen Ebene. Es stimuliert die Nebenschilddrüse und beruhigt die Schilddrüse, wirkt allgemein als Beruhigungsmittel, hilft bei Schwellungen, Nasenbluten, Schmerzen, inneren und äußeren Blutungen und Schlaflosigkeit. Indigo wirkt auf das Dritte Auge ein und ist somit hilfreich für die psychische Entwicklung und die Stärkung intuitiver Kräfte.

Indigofarbene Kristalle sind der Azurit, Lapislazuli, Saphir und Sodalith.

Violett

Violett ist die Farbe der Kreativität, Inspiration, Transformation und Spiritualität. Es regt die Heilung durch Bilder, Musik, Farben, Kristalle, Aromaöle, Bewegung und

Klang an. Violett ist eine bewusstseinserweiternde Farbe (Schamanen haben manchmal eine violette Aura). Sie lindert Kopfschmerzen und verhilft zu friedlichem Schlaf und angenehmen Träumen. Violett wird auch zur Gewichtsabnahme verwendet.
Violette Kristalle sind der Amethyst, Fluorit und der Sugilith.

Jeder Kristall, der eine der oben genannten Farben enthält, hat auch die beschriebenen Eigenschaften jener Farbe. Der Hauptgrund dafür, dass Kristalle geschliffen und facettiert werden, ist die Verstärkung der Schwingung der jeweiligen Farbe durch diese Prozedur. Das erhöht die therapeutische Wirkung der Kristalle.
Hinsichtlich seiner chemischen und kristallinen Struktur hat jeder Kristall auch seine ganz speziellen Heilwirkungen. Ein Lapislazuli sowie ein Saphir haben beispielsweise eine beruhigende Wirkung, da sie beide blau sind. Dennoch hat jeder seine ganz eigene Charakteristik und seine speziellen Kräfte.

Die Wirkung der Kristalle

Nun wenden wir uns den Kräften der einzelnen Kristalle zu. In diesem Buch werden auch Fossilien, Korallen und versteinertes Holz erwähnt, da sie ähnliche Heilkräfte haben wie die Kristalle. Mit Ausnahme der Korallen (diese stehen unter Naturschutz) kann man sie leicht bei Spaziergängen oder am Strand finden. Wir haben sie in dieses Buch aufgenommen, da es von Vorteil ist, ihre Heilkräfte zu kennen.

Achat

Den Achat gibt es in vielen Farben. Einige Achate sind einfarbig, andere gemustert. Sie haben eine beruhigende und stabilisierende Wirkung und lösen Negativität auf. Man sagt, dass der Achat mit dem Pflanzenreich in Verbindung steht und deshalb der Freund aller Gärtner ist. Im alten Rom trug man den Achat bei Fruchtbarkeitsritualen, um die Götter der Vegetation zu besänftigen und sich eine reiche Ernte zu sichern. Der Achat liegt angenehm in der Hand und hilft, Stress abzubauen. Er wird als persönlicher Heilstein bevorzugt, da man ihn in vielen kleinen Bächen und Flussbetten finden kann. Das Wasser poliert ihn auf natürliche Weise.

Bandachat – Dieser Stein hat besondere Schutzqualitäten und wird deshalb oft um den Hals getragen.

Blaubandachat – Dieser Stein steht für Frieden und Fröhlichkeit und ist ein willkommener Freund in Stressphasen. Zu Hause, am Arbeitsplatz oder in einer schwierigen Situation strahlt er beruhigende Energie aus und befreit das Nervensystem von Blockaden. Dieser Kristall unterstützt die Meditation und das Visualisieren.

Feuerachat – Er wird so genannt, weil er feine Schichten von schillerndem Limonit in sich trägt. Dieser Kristall regt die Inspiration an und hilft, die eigenen Lebensaufgaben zu erfüllen. Der Feuerachat heilt Augenleiden und unterstützt visionäres Träumen.

Flammenachat – Wenn dieser Achat in zwei Hälften geteilt wird, sieht er aus, als würden Flammen an seinen

Seiten emporlodern. Meistens sind die Flammen rot, manchmal aber auch weiß. Dieser Stein unterstützt die Heilung von Entzündungen und Verbrennungen. Es heißt, er könne auch die Flamme der Liebe wieder entfachen.

Moosachat – Von den Indianern wurde er als Kraftstein verehrt, er wirkt energetisierend und kräftigend. Er wird bei der Behandlung von verschiedenen Krankheiten und Beschwerden eingesetzt: bei Dehydration (Austrocknung), bei Erkältungen, Grippe und Pilzinfektionen. Er unterstützt auch die Ausscheidung von Giften, die sich im Körper angesammelt haben.

Roter Achat (Blutachat) – Im alten Rom trug man ihn hauptsächlich, um Insekten fern zu halten; heutzutage wird er bei Bluterkrankungen eingesetzt.

Schwarzer Achat – Auch der Schwarze Achat ist ein Schutzstein; er schützt vor Verwirrung und ermöglicht, dass man Ziele schnell erreicht. Der Schwarze Achat steht für Mut und Frieden und lehrt, wie man diese zwei Qualitäten in das eigene Leben integrieren kann.

Alexandrit

Der Alexandrit ist ein seltener, teurer Stein und wird seiner regenerativen Kraft wegen geschätzt. Er sollte nach jeder Operation und traumatischen Erfahrungen eingesetzt werden. Man sagt, er bringe Glück, insbesondere in der Liebe.

Amazonit

Dieser Kristall steht für Kommunikation; er ermöglicht das Verstehen und das Verstandenwerden. Er bringt Yin und Yang (das männliche und das weibliche Prinzip) ins Gleichgewicht und schenkt Klarheit und reine Energie. Es heißt, dass ein aus Amazonit hergestelltes Elixier die Aufnahme von Kalzium gewährleistet; darum hilft er bei Kalziumerkrankungen wie Karies und Osteoporose.

Amethyst

Der Amethyst ist auf der ganzen Welt verbreitet; dieser wundervolle Stein ist einer der ältesten Freunde der Menschheit. Er erhöht die Energie, wirkt auf die Gehirnwellen ein und fördert somit die telepathischen Fähigkeiten. Er entfacht die Flamme der Spiritualität, stimuliert das Dritte Auge und schärft die Intuition. Die alten Römer tranken aus Amethystkrügen, weil es hieß, der Amethyst schütze vor Trunkenheit. Somit ist er der geeignetste Kristall, um Süchte wie zum Beispiel Alkoholismus zu behandeln.

Der Amethyst hat eine sanfte, aber starke Energie und ist der ideale Stein für jeden, der meditieren oder mit Kristallen arbeiten will. Er absorbiert Negativität und gibt Positivität ab. Um den Hals getragen, schützt er gegen die elektromagnetische Strahlung elektronischer Geräte, wie Fernseher, Mobiltelefon und Mikrowelle. Wenn Sie einen Amethyst auf ein elektrisches Gerät stellen, wird er dessen Strahlung absorbieren und verhindern, dass es weiter in den Raum strahlt.

Die Heilkräfte des Amethysts sind so vielfältig, dass man ihn praktisch in jeder Situation nutzen kann, ähnlich wie seinen Verwandten, den Bergkristall. Der Amethyst ist besonders hilfreich bei der Behandlung von Kopfleiden, geistigen Störungen, Gehörproblemen, Schwindelanfällen und natürlich Kopfschmerzen. Er energetisiert den Kreislauf, die Verdauung, die Drüsen und das Nervensystem.

Ametrin

Ametrin ist eine Mischung aus Amethyst und Citrin; er besitzt die Eigenheiten beider Kristalle und bringt Harmonie und Gleichgewicht in alle Lebensbereiche. Er unterstützt den Zugang zu höheren Stufen des Denkens, ohne dass man dabei »abhebt«. Der Ametrin hilft negative Konditionierungen loszulassen und ermöglicht es, Täuschungen zu durchschauen.

Apachenträne

Die Apachenträne gehört zur Gruppe der Obsidiane und besteht aus vulkanischem Gesteinsglas. Sie kommt in den Farben schwarz (rauchig bis klar) und schwarzviolett oder schwarzgrün vor. Es heißt, dies seien die erstarrten Tränen der Indianerfrauen, die den Tod ihrer mutigen Krieger beweinen; somit sind sie besonders in Phasen der Trauer von Nutzen. Die Apachenträne begleitet durch Trauerprozesse und ermöglicht die Linderung des Schmerzes, indem sie die Erkenntnis fördert, dass der Tod die Verbindung zu einem geliebten Menschen nicht auslöschen kann. Er lebt in der geistigen Welt weiter und besucht uns in unseren Träumen.

Apatit

Der Apatit steht für die Ernährung. Er lehrt, wie man Körper, Geist und Seele mit Liebe und Weisheit nährt. Er steht auch für Integration, indem er zeigt, wie man das

Physische, Emotionale und Spirituelle in Einklang bringt. Der Apatit lehrt durch das Prinzip der Liebe und ist damit der ideale Begleiter für Menschen, die sich sozial engagieren. Für Menschen mit geringem Selbstwertgefühl ist er eine Quelle der Kraft. Sehr hilfreich ist er während des Fastens oder bei speziellen Diäten.

Aquamarin
Dieser Kristall steht für Mut und ist mit der Kraft des Vollmonds und des Wassers verbunden. Aquamarin bedeutet »Wasser des Meeres«, deshalb wird er mit Beruhigung und Besänftigung assoziiert. Der Aquamarin hilft bei Seekrankheit und schützt die Seefahrer. In Zeiten des Übergangs und der Veränderung bietet er Unterstützung und hilft, die Lebensaufgaben zu meistern. Wie alle blauen Steine stimuliert der Aquamarin das Hals-Chakra und ist besonders denjenigen Menschen nützlich, die ihre Stimme finden wollen (zum Sprechen wie zum Singen). Er ist wunderbar geeignet für alle, die gerne chanten.

Aventurin
Der Aventurin ist ein Gemisch aus verschiedenen Kristallen (meistens Quarz oder Feldspat mit anderen Kristallen durchsetzt). Üblicherweise ist er grün und wird für Herzensangelegenheiten verwendet. Er steigert Motivation und Abenteuerlust, zeigt uns unsere Verbundenheit mit der Schöpfung und mindert Ängste.

Bergkristall
Bergkristall, der bekannteste Quarz, ist reichlich vorhanden und wird überall auf der Welt benützt. Früher dachte man, Quarz sei versteinertes Wasser. Einige unserer

Ahnen verglichen seine Qualitäten mit Eis, dadurch entstand die Assoziation mit Reinheit. Er wird zum Schutz gegen negative Energien getragen. Im Folgenden werden einige wichtige Bergkristallformen beschrieben:

Doppelenderkristall – Dieser Kristall hat an jedem Ende eine Spitze. In seinem Inneren bewegt sich die Energie in beide Richtungen und verbindet dadurch das Physische mit dem Spirituellen. Er hat eine schützende Wirkung.

Laserkristall – Dieser Kristall ist lang und schmal und hat nur eine Spitze. Er verstärkt jegliche Energie und bringt sie ins Gleichgewicht. Man verwendet ihn hauptsächlich, um Heilenergien zu konzentrieren. Auch bei der Meditation ist er eine wirksame Hilfe.

Phantomkristall – Dieser Kristall hat einen oder sogar mehrere Phantomkristalle in seinem Inneren. Die Phantome bestehen aus weißen oder farbigen Mineralien, sind deutlich erkennbar oder erscheinen als Schatten im Innern des Kristalls, ähnlich wie die Wachstumsringe eines Baumes. Der Phantomkristall ermöglicht eine Verbindung zu früheren Leben und genetischen Erinnerungen.

Regenbogenkristall – Dieser Kristall trägt einen oder mehrere Splitter in sich. Diese wirken wie Prismen und erzeugen Regenbögen, wenn man den Kristall ins Licht hält. Der Regenbogenkristall bringt »Farbe« in Ihr Leben und sorgt dafür, dass alle Chakren ins Gleichgewicht kommen.

Rutilquarz – Diese Quarzart trägt dazu bei, »Wurzeln zu schlagen« und Problemen auf den Grund zu gehen. Er ist eine wertvolle Hilfe für Heiler, da er sie befähigt, die Ursachen eines Leidens zu diagnostizieren.
Dieser Stein schafft das Gefühl von Verbundenheit, wenn man in der Fremde ist.

Zwillingskristall – Hier handelt es sich um zwei Kristalle, die Seite an Seite wachsen. Dieser Kristall steht für Beziehungen und bringt Harmonie und Frieden in alle persönlichen Interaktionen. Man sagt auch, dass er »Seelengefährten« anziehe.

Bernstein

Bernstein ist eine der ältesten Substanzen, die der Mensch jemals am Körper trug. In Grabstätten Nordeuropas, die auf 8000 vor Christus datiert werden, wurden Anhänger aus Bernstein gefunden. Bernstein ist kein Kristall, sondern das versteinerte Harz eines Nadelbaums, der mit der heutigen Pinie vergleichbar ist. Manchmal wurden Insekten oder Pflanzenteile in dem herabtropfenden Harz eingefangen; so wurden sie untrennbarer Bestandteil des sich entwickelnden Fossils. Bernstein fühlt sich warm an. Es heißt, er trage die Kraft der Sonne in sich. Er wird weltweit bei Feuerzeremonien eingesetzt. Antiseptisch und desinfizierend in seiner Wirkung, wird er zur Reinigung von Körper, Geist und Seele benutzt. Sie können ihn auch dazu verwenden, Räume von angestauter Negativität zu befreien.
In früheren Zeiten wurde ein antibiotisches Elixier daraus bereitet.

Blutstein

Der Blutstein ist ein Gemisch aus verschiedenen Quarzen; wie der Name schon andeutet, wird dieser Stein bei der Behandlung von Bluterkrankungen eingesetzt. Er hilft auch bei Kreislaufproblemen, Blutungen und Krampfadern. Im alten Ägypten wurde der Blutstein benützt, um die spirituellen und sensitiven Energien zu fördern. Er kann Nasenbluten stoppen und das Gedächtnis aktivieren, indem er den Blutfluss im Gehirn anregt. Im dreizehnten Jahrhundert trugen Zauberer und Magier Amulette aus Blutstein, in die Fledermäuse eingraviert waren (wahrscheinlich zum Schutz gegen Vampire).

Calcit

Lernen ist das Erinnern an bereits Bekanntes, das wir aber vergessen haben. Das lehrt der Calcit, indem er uns genetisches und spirituelles Wissen zugänglich macht. Das geschieht durch spontane, unerwartete Einsicht. Wenn Sie sich mit einem Calcit beschäftigen, werden Ihnen neue Gedanken und Ideen kommen, deren Ursprung Sie nicht nachvollziehen können. Er ermöglicht die Erinnerung an vergangene Leben und hilft, die damit verbundenen Lektionen in die Gegenwart zu integrieren.

Chalcedon

Der Chalcedon ist eine Quarzart und verhindert Alpträume. Magier des sechzehnten Jahrhunderts verwendeten ihn, um Phantasien und Illusionen aufzulösen. Von den Indianern als heiliger Stein verehrt, wurde er zur Behandlung von Wahnsinn und zur Förderung der psychischen Stabilität eingesetzt.

Chrysokoll

Dieser Stein dient der Beruhigung. Er hilft bei jeglicher Störung, Aufregung, Angst und Disharmonie. Der Chrysokoll wird auch als »Krisenstein« bezeichnet und ist durch seine sanfte, beruhigende Schwingung ein wunderbarer Verbündeter in allen Krisensituationen. Er ist ein stark erdender Stein und daher jedem von Nutzen, der seine Verbindung mit der Erde vertiefen will. Sie können den Chrysokoll verwenden, um Ihr Heim oder Büro von negativen Energien zu reinigen. Dafür legen Sie einfach einen Chrysokoll über Nacht in ein Glas Wasser (dadurch energetisieren Sie das Wasser) und besprühen dann die betroffenen Stellen damit. Danach sollten Sie den Raum etwa 15 Minuten lang lüften, bevor Sie ihn wieder betreten.

Chrysopras

Dieser Stein fördert die Balance; Heiler verwenden ihn, um die Chakren zu aktivieren und die männlichen und weiblichen Energien in Einklang zu bringen. Der Chrysopras ist ein harmonisierender Stein und ermöglicht Ihnen, die andere Seite eines Arguments zu verstehen, weniger zu werten und dadurch sich und andere leichter zu akzeptieren. In geschäftlichen Angelegenheiten ist er sehr hilfreich, indem er eitle Eifersüchteleien beendet und die Kommunikation verbessert.

Citrin

Dieser gelbe bis goldbraune Stein wurde früher »Kaufmannsstein« genannt, weil es hieß, er würde Kundschaft anziehen, wenn man ihn in die Kasse legt. Er ist der Sonne zugeordnet und wird dadurch mit klarer Sicht und

Erleuchtung in Verbindung gebracht. Wird ein Citrin während einer Verhandlung oder einer Diskussion auf den Tisch gelegt, verbessert er das gegenseitige Verständnis und die Kommunikation und ermöglicht, dass potenzielle Problemlösungen einfacher wahrgenommen werden können. Er unterstützt alle Verdauungsvorgänge und hilft dem Körper bei der Entgiftung.

Diamant
Der Diamant steht auf Grund seiner Härte für Stärke, Ausdauer und Geduld. Er wird von den afrikanischen Schamanen verehrt, weil er die Magie der Sonne in sich trägt. Wegen seiner Fähigkeit, wie ein Prisma weißes Licht in alle sieben Regenbogenfarben zu spalten, gilt er als Universalheilstein und als Verstärker für alle anderen Kristalle. Man glaubte früher, er könne vor physischen Gefahren (zum Beispiel auf dem Schlachtfeld) und vor nicht physischen Bedrohungen (wie Dämonen und Alpträumen) beschützen.

Feuerstein (Kiesel, Flint)
Diesen schlichten Kristall, der Negativität in den inneren und äußeren Bereichen vertreibt, findet man überall auf der Welt. Indem man einen Feuerstein in jede der vier Himmelsrichtungen platziert, schafft man ein positives Energiefeld. Wenn man in diesem Feld sitzt, kann man sich von emotionaler Verwirrung befreien und einen direkten Zugang zum Unterbewusstsein erhalten. Im alten Europa trug man Messer aus Feuerstein als Schutzamulette und nannte sie »Donnerkeil«.

Fluorit

Man findet ihn in einer großen Vielfalt an Farben und Schattierungen – von Lila über Weiß und Grün bis Magenta, Rot und Schwarz. Der Fluorit öffnet den Geist für spirituelle Erkenntnisse und verbindet uns mit der gesamten Schöpfung. Er reinigt und läutert. Um ein Elixier daraus herzustellen, geben Sie einen Fluorit in ein Glas mit Quellwasser und stellen es eine Stunde lang ins Sonnenlicht; danach trinken Sie es aus. Dieses Elixier hilft dem Körper, Giftstoffe auszuscheiden, und stimuliert das Immunsystem. Zudem fördert es den Heilungsprozess bei jeglicher Art von Infektion.

Farbloser Fluorit – Dieser Stein öffnet und energetisiert das Scheitel-Chakra und ermöglicht eine Verbindung mit dem Göttlichen.

Gelber Fluorit – Dieser Stein fördert Stabilität und Erdung in Stresssituationen und wirkt ausgleichend auf Leber und Gallenblase.

Grüner Fluorit – Dieser Kristall ist ein Jungbrunnen für den gesamten Organismus, insbesondere, wenn er als Elixier getrunken wird. Es erfrischt Körper und Geist und fördert somit die Gesundheit, Lebendigkeit und Klarheit.

Lila Fluorit – Er ermöglicht die Integration intuitiver Erkenntnisse ins Bewusstsein und stimuliert das Dritte Auge. Dieser Fluorit stabilisiert Körper, Geist und Seele, indem er die Balance zwischen den drei Aspekten wiederherstellt.

Fossil
Fossilien sind organischen Ursprungs. Sie sind Überreste von Pflanzen oder Tieren, durchsetzt von winzigen Mineralien (beispielsweise Quarz, Achat oder Jaspis). So bleibt ein Großteil der ursprünglichen organischen Substanz und der Zellstrukturen bewahrt. Sie sind wie Fenster in die Vergangenheit und ermöglichen einem die Verbindung mit verloren gegangenen Erinnerungen, Ideen und Gedanken. Fossilien erleichtern das Loslassen der Vergangenheit und eingefahrener negativer Gedankenmuster. Sie heilen jegliche Art von Knochenleiden.

Granat
In einigen alten Stämmen Nord- und Südamerikas sowie Afrikas wurde der Granat als heiliger Stein verehrt. Er harmonisiert und energetisiert die Sexualorgane und wird bei sexuellen Problemen, besonders bei sexueller Hyperaktivität, benützt. Der Granat inspiriert die Kreativität und die Entdeckung der wahren Fähigkeiten eines Menschen. Er wird bei Schäden an der Wirbelsäule eingesetzt, ist hilfreich bei der Behandlung von Herz- und Bluterkrankungen und in Rekonvaleszenzphasen.

Hämatit
Der Hämatit ist dem Blut zugeordnet, da er viel Eisen enthält. Auf Geist und Seele wirkt er ausgleichend und ermöglicht eine bessere mentale Kontrolle über die emotionale wie auch die physische Befindlichkeit. Wegen seiner magnetischen Kräfte kann er hervorragend dazu beitragen, exzessive mentale, emotionale und physische Energien zu erden. Er wird bei Bluterkrankungen (zum Beispiel Anämie) angewandt und ist hilfreich bei Waden-

krämpfen. Er kann auch Teil eines Liebeszaubers sein, wenn es darum geht, einen Geliebten oder eine Geliebte anzuziehen.

Herkhimer Diamant

Dies ist eine Art Quarz. Dieser Pseudo-Diamant hilft all jenen, die nach Erleuchtung streben oder neue Ideen brauchen. Er wird oft als Ersatz für den Diamanten verwendet, da er viele Heileigenschaften des Diamanten besitzt. Als Edelsteinelixier ist er bei der Behandlung von Krebsgeschwüren hilfreich.

Jade

Jade wird in China schon seit Jahrtausenden verehrt. Dieser Stein steht für Gleichgewicht und Harmonie. Schamanen verwendeten ihn, um ihre Träume und Visionen besser deuten zu können. Jade verbessert das Urteilsvermögen und bringt die Wahrheit ans Licht. Sie ermöglicht die Materialisation von Ideen und wird daher gerne bei neuen Projekten benützt. Jade wurde schon in alten Zeiten mit Reichtum assoziiert und zieht diesen magisch an.

Jaspis

Der Jaspis ist ein Schutzstein. Es heißt, er verbessere die Diagnosefähigkeit eines Heilers, indem er ihm ermögliche, die subtilen Botschaften wahrzunehmen, die in Stimme, Mimik und Körpersprache eines Klienten zum Ausdruck kommen. Er wird bei der Behandlung von Nieren- und Blasenerkrankungen verwendet und ist bei Schock und Trauma hilfreich. Der Jaspis hat eine stützende Funktion und kann dadurch das Energieniveau halten (zum Beispiel während des Fastens oder bei Prüfungen).

Karneol

Der Karneol ist eine Art Chalcedon. Es gibt ihn in Rot, Orange und Rotbraun. Er besitzt alle Eigenschaften des Chalcedons. Im alten Ägypten wurde er verwendet, um Gefühle wie Angst, Wut und Hass zu bewältigen. Der Karneol vertreibt Lethargie und Depressionen und regt Wissbegierde und Neugier an. Er wird auch bei der Behandlung von Neuralgie (Nervenschmerzen), Gallensteinen, Nierensteinen und Hautkrankheiten eingesetzt.

Katzenauge

Mit »Katzenauge« werden verschieden Steine (normalerweise Quarz oder Chrysoberyll) bezeichnet, die – ähnlich wie das Auge einer Katze – ein leuchtendes Schillern aufweisen. Man betrachtet sie als Glücksbringer. Sie fördern die Intuition und die Wahrnehmung von potenziellen Gefahren. Spieler tragen sie gerne als Glückstalisman bei sich, doch ihr wahrer Wert liegt darin, dass sie den Menschen helfen, sowohl den eigenen inneren Reichtum als auch die Potenziale der anderen wahrzunehmen.

Koralle

Die Koralle ist kein Kristall, sondern die skelettartige Hülle (Muschel) eines Meerestieres. Da die Korallen von lebenden Wesen stammen, werden nur diejenigen zum Heilen verwendet, die von selbst an den Strand gespült wurden. Das kommerzielle Ernten und Verkaufen von Korallen ist sinnloses Töten und mit den ethischen Werten eines spirituell orientierten Menschen nicht vereinbar. Korallen stärken den Kreislauf und die Knochen und ermöglichen ein tieferes Verständnis für die Mysterien des Lebens.

Rosa Koralle – Sie lehrt die bedingungslose Liebe und wird bei Magenproblemen, Herzbeschwerden und Erkrankungen der Brust und er weiblichen Fortpflanzungsorgane eingesetzt.

Rote Koralle – Sie zerstreut Ängste und reguliert die Menstruation. Sie wurde lange Zeit als Schutzamulett gegen okkulte Kräfte wie Flüche, Dämonen, Gespenster und Buhlgeister getragen. Ihre Wirkung beruht darauf, dass sie unsere Schwingung über die niedere Schwingung negativer Energie erhebt. Sie wird auch bei Schluckauf, Koliken und Sodbrennen eingesetzt.

Schwarze Koralle – Sie absorbiert Negativität und wandelt sie um. Sie dient als Schutz in feindlicher Umgebung, ermöglicht es, den eigenen Schattenseiten ohne Furcht zu begegnen und hilft, unterdrückte Emotionen zu befreien.

Weiße Koralle – Sie befreit den Geist von jeglicher Verwirrung und Negativität und ermöglicht eine bessere Kommunikation mit dem Unterbewusstsein. Sie ist ein guter Begleiter beim Beginn einer spirituellen Arbeit.

Korund

Er ist der zweithärteste Kristall nach dem Diamanten. Er wird benützt, um Zugang zu bisher unbekannten Bereichen zu gewinnen. Schamanen verwenden ihn, um Visionen zu fördern. Der Korund wird auch bei Augenleiden und Hautkrankheiten eingesetzt.

Kunzit
Der Kunzit wird als weiblicher Stein betrachtet; er wirkt ausgleichend auf die weiblichen Hormone und reguliert die Menstruation. Männern ermöglicht er eine stärkere Verbindung mit ihrer weiblichen Seite. Er hat stark erdende Energien und ist daher sehr hilfreich für Drogenabhängige und alle, die unter den mentalen Nebenwirkungen von Drogen leiden.

Lapislazuli
Die alten Sumerer assoziierten den Lapislazuli mit Königen und Göttern. Auch viele andere Völker, einschließlich der Ägypter und Juden, betrachteten ihn als königlichen Stein. Dieser Kristall stärkt Körper und Geist, schützt gegen Negativität und zieht Wahrheit und Weisheit an. Der Lapislazuli steht für Inspiration und ermöglicht unterbewussten Impulsen, ins Bewusstsein vorzudringen, so dass alle Aspekte eines Themas deutlich werden.

Lepidolith
Die alten Azteken verehrten ihn als Schutzstein. Er wird auch als »Friedensstein« bezeichnet. Der Lepidolith zügelt feuriges Temperament und hilft bei Schlafstörungen. In Stresssituationen wirkt er ausgleichend, indem er Toleranz und Geduld fördert und gleichzeitig der Erschöpfung entgegenwirkt.

Malachit
Dieser wunderschöne grüne Kristall ist bei Mund- und Zahnbeschwerden besonders wirksam. Da der Malachit eine sanfte Energie hat, ist er auch für Kinder und ältere

Menschen geeignet. Er stärkt den Körper und beruhigt die Emotionen, lindert Entzündungen und Schwellungen und wird auch bei Unfruchtbarkeit angewendet.

Meteorit

Dieser Stein ist nicht auf der Erde entstanden. Ursprünglich kommen Meteoriten aus dem All, vom Mars, vom Mond, von Asteroiden und Kometen, und werden als Geschenk der Sterne betrachtet. Für die die alten Chinesen waren sie heilig. Sie helfen dabei, sich in unbekannten Gebieten zurechtzufinden, seien diese nun physischer, emotionaler oder spiritueller Natur. Alle Meteoriten sind einzigartig und unterscheiden sich in ihren heilenden und magischen Qualitäten. Wenn das Universum Ihnen einen Meteoriten zum Geschenk macht, sollten Sie diesen bitten, Sie zu lehren, wie Sie ihn am besten einsetzen sollen.

Mondstein

Wie der Name schon sagt, ist der Mondstein mit der Kraft des Mondes und deshalb mit den Emotionen verbunden. Er fördert die Entwicklung von Mitgefühl und ist ein Kristall für Liebende. Mit seiner sanften Energie beruhigt er die Nerven, lindert Schmerzen während der Periode und ist bei unregelmäßiger Menstruation und Unfruchtbarkeit hilfreich.

Muschel

Muscheln sind verlassene Behausungen von Meerestieren. Sie fördern das Verständnis für die Veränderungen, mit denen man im täglichen Leben konfrontiert wird. Sie lehren uns, »im Fluss« zu sein und uns nicht von der

Negativität anderer Menschen überschwemmen zu lassen. Muscheln helfen gegen Seekrankheit und gewähren auf langen Seereisen Schutz und Sicherheit.

Obsidian
Der Obsidian besteht aus Lava, die sehr schnell abgekühlt und zu (meistens schwarzem) Glas geworden ist. Er wurde verwendet, um Pfeilspitzen, Kristallkugeln und Spiegel herzustellen. Der Obsidian hat eine sehr erdende Wirkung und ist besonders Hellsichtigen von Nutzen; er ermöglicht eine starke Verbindung zur Erde, während sie mit höheren Ebenen kommunizieren. Man findet ihn in Rot, Grün, Blau, Lila und Schwarz mit weißen Flecken (Schneeflockenobsidian).

Olivin
Es heißt, der Olivin ziehe die Liebe an. Deshalb wird er für Liebeszauber verwendet und bringt Harmonie in konfliktreiche Beziehungen. Der Olivin wird mit Treue assoziiert und fördert die Tiefe und Verbindlichkeit in einer Beziehung.

Onyx
Er ist ein Schutzstein und fördert die Zentrierung, wenn rundherum Chaos herrscht. Es wird empfohlen, ihn mit in die Badewanne zu nehmen. Er energetisiert das Wasser, so dass Sie sich ruhig, entspannt und sicher fühlen. Der Onyx ermöglicht sanfte Übergänge und hilft Ihnen zum Beispiel, von der Arbeit abzuschalten, sobald Sie nach Hause kommen.

Opal

Opale werden mit Mond und Wasser assoziiert und erweitern das Bewusstsein. Die Indianer und die Aborigines verehrten sie als visionäre Steine. Sie eröffnen neue Perspektiven und fördern Problemlösungen.

Feueropal – Dieser Opal inspiriert und belebt und hilft Ihnen dabei, Ihren spirituellen Weg zu finden.

Goldener Opal – Er schafft spirituellen Reichtum und wirkt Stagnation entgegen.

Rosa Opal – Dieser Opal hilft bei Herzproblemen, insbesondere wenn sie emotionaler Art sind.

Schwarzer Opal – Dieser Kristall wird zum Wahrsagen verwendet. Er fördert die Innenschau und Visionen.

Weißer Opal – Er fördert Klarheit und beruhigt den Geist in Stresssituationen.

Pechkohle (Gagat)

Obwohl Pechkohle kein wirklicher Kristall ist, sondern versteinertes Holz, wird sie gerne im Zusammenhang mit Kristallen erwähnt, da sie starke Heilqualitäten besitzt. Sie hilft bei Angstzuständen und gegen Alpträume. Ihre beruhigende Wirkung fördert erholsamen Schlaf, hilft bei Migräne, Epilepsie und Nervosität.

Peridot

Dieser Kristall ist ein hervorragender Heilstein. Er wirkt allgemein aufbauend und wird als sanftes Tonikum für

Schwache und Entkräftete verwendet. Trinkt man einen Kräutertee aus einem Gefäß aus Peridot, wird die medizinische Wirkung der Kräuter verstärkt. Er ist besonders hilfreich bei der Behandlung des Nervensystems und fördert erholsamen Schlaf und innere Ruhe.

Perle
Die Perle steht für Wahrheit und Treue. Männer schenken sie ihrer Angebeteten zum Zeichen ihrer Liebe. Perlen werden auch mit Reinheit assoziiert. Sie stehen in Verbindung mit dem Mond und sind daher bei menstruellen Problemen und emotionalen Blockaden hilfreich.

Quarz
siehe Bergkristall

Rauchquarz
Ein mächtiger Heilstein. Der Rauchquarz verbindet uns mit der Erde und ermöglicht das Loslassen von negativen Emotionen wie Trauer, Ärger und Groll. Er deckt negative Gedankenmuster auf und zeigt positive Alternativen. Der Rauchquarz steht für Veränderungen. Er unterstützt das Leben in der Gegenwart, indem er hilft, die Vergangenheit und alte Verhaltensmuster loszulassen. Da der Rauchquarz Natrium enthält, ist er in der Lage, die Flüssigkeiten im Körper auszugleichen und die Mineralienaufnahme zu verbessern.

Rhodochrosit
Dieser wunderschöne rosafarbene Stein verströmt Liebe und bringt Ruhe und Frieden. Er zieht Liebe an und gibt sie ab und heilt die verschiedensten Beschwerden. Er hat

viele ähnliche Heilqualitäten wie der Rosenquarz, aber da er zusätzlich sehr energetisierend wirkt, ist er besonders für Athleten und Sportler hilfreich.

Rosenquarz
Man nennt ihn auch den »Liebesstein«. Der Rosenquarz befreit von Ärger, Groll und anderen negativen Emotionen. Er lehrt nicht nur, wie man andere liebt, sondern auch, wie man sich selbst lieben kann. Als Stein der Kreativität ist er besonders für Künstler, Musiker, Schriftsteller und Heiler wertvoll.

Rubin
Er ist als »König der Steine« bekannt. Es heißt, er trage das Erbe der Menschheit in sich. Der Rubin stärkt das Immunsystem, indem er dem Blut Sauerstoff zuführt. Er schafft ein Gleichgewicht zwischen Seele und Geist, ist ein Herzstein und motiviert zu Integrität und Hingabe.

Saphir
Dieser Kristall steht für Wohlstand und Loyalität. Er ist vor allem in geschäftlichen Angelegenheiten nützlich. Der Saphir stärkt die Verbindung zum höheren Selbst und vermittelt sowohl Klarheit als auch Inspiration. Er stärkt den gesamten Kreislauf und wird bei der Behandlung von Krampfadern und Hämorriden eingesetzt.

Sardonyx
Der Sardonyx fördert die Harmonie in ehelichen Gemeinschaften und engen Beziehungen, indem er Verständnis und konstruktive Kommunikation lehrt. In Liebesbeziehungen entsteht Disharmonie hauptsächlich durch Miss-

verständnisse und unzureichende Kommunikation. Der Sardonyx bewahrt vor dieser potenziellen Gefahr und lehrt liebevolle Zuwendung, indem er Objektivität und Offenheit fördert.

Smaragd

Dieser Kristall steht für bedingungslose Liebe. Er besänftigt negative Emotionen und bringt Harmonie. Sollten Sie das Gefühl haben, Sie seien von Ihrem spirituellen Weg abgekommen, meditieren Sie und visualisieren dabei einen leuchtenden Smaragd im Zentrum Ihres Herzens. Das wird Ihre innere Flamme wieder entfachen und Ihnen Ihren Platz in der Welt zeigen. Sie erkennen dann auch, welche Bedeutung die Menschen in Ihrem Umfeld für Sie haben. Im alten Ägypten wurde der Smaragd als Allheilmittel verwendet. Heute wird er besonders häufig eingesetzt, um Herz und Kreislauf zu stärken.

Sodalith

Der Sodalith erweitert das Bewusstsein und schenkt Klarheit und Weisheit. Er wirkt ausgleichend auf das Gehirn und ist hilfreich bei der Zurückdrängung des Ego sowie bei selbstsüchtigem Verhalten und ungezügelten Reaktionen auf die Negativität anderer Menschen. Der Sodalith reguliert das endokrine System und er soll Schlaflosigkeit heilen, wenn er nachts unter das Kopfkissen gelegt wird.

Sonnenstein

Wie der Name schon sagt, ist dieser Kristall mit den Energien der Sonne verbunden. Der Sonnenstein kräftigt und verjüngt. Viele Sonnensteine enthalten Teile von Hämatit, die sie schillern lassen und sehr attraktiv machen. Er reinigt den Körper und erfrischt und belebt. Man verwendet ihn zur Behandlung von Halsentzündungen, Magengeschwüren und Problemen mit der Wirbelsäule.

Spinell

Da der Spinell in allen Regenbogenfarben (Rot, Orange, Gelb, Grün, Blau, Dunkelblau und Violett) vorkommt, ist er besonders geeignet, um Sets für die Farb- und Chakraheilung herzustellen. Sie können auch einen schwarzen Spinell für die Erdung und einen klaren Spinell für die Verbindung mit den universellen Energien hinzufügen. Manchmal ist es gut, mit nur einer Kristallart zu arbeiten. Jeder Spinell erneuert die Energie und reinigt Körper, Geist und Seele.

Sternsaphir

Der Sternsaphir fördert Klarheit und Optimismus. Er lehrt, die schönen Seiten des Lebens wahrzunehmen, ohne Täuschungen zu erliegen. Der Sternsaphir zeigt, dass in jeder negativen Situation ein positiver Aspekt zu finden ist und dass dabei eine Lektion gelernt und Erkenntnisse gewonnen werden können. Er fördert den Selbstwert und die Achtung vor sich selbst und anderen.

Sugilith

Der Sugilith erzeugt ein Gefühl von Frische und Freiheit, wenn man ihn bei sich trägt. Er ist ein revitalisierender Stein, der besonders für Menschen geeignet ist, die sich von seelischen Erschütterungen, Prüfungen und leidvollen Erfahrungen erholen müssen. Der Sugilith schützt vor Verzweiflung und regt sanft das positive Denken an. Er bringt Sie Ihrer Bestimmung näher.

Topas

Dieser wundervolle Kristall wurde seit jeher als Allheilmittel angesehen. Der Topas entgiftet den Körper, weckt verborgene Aspekte in unserem Denken, stärkt und inspiriert. Er wirkt besonders energetisierend, wenn man mit ihm schläft oder badet. Der Topas hat eine beruhigende Wirkung auf das Nervensystem, fördert die Entspannung und innere Distanz zu den Ereignissen des Tages.
Er unterstützt die Wundheilung, hilft bei Hautkrankheiten und hat eine wärmende und schützende Wirkung.

Turmalin

Der Turmalin fördert das harmonische Zusammenspiel der linken und rechten Gehirnhälfte. Er lässt uns unseren Lebenstraum erkennen und zeigt uns die Schritte, die zu seiner Verwirklichung nötig sind. Er gilt als Schutzstein und warnt angeblich vor Gefahren auf der physischen Ebene. Der vielfarbige Turmalin ist besonders gefragt, weil er »Magie und Farbe« ins Leben bringt.

Blauer Turmalin – Dieser Kristall wirkt auf das Hals-Chakra und das Dritte Auge ein. Er fördert die Hellsichtigkeit und andere intuitive Fähigkeiten. Der Blaue Turmalin ist auch bei der Behandlung von Schilddrüsenerkrankungen und Lungenleiden hilfreich.

Grüner Turmalin – Er öffnet das Herz und offenbart die wahre Schönheit und Pracht der Schöpfung. Dieser Turmalin wandelt Negativität in Positivität um. Seine Wirksamkeit entfaltet sich in Behandlungsräumen und an Plätzen, die von Stress und Verwirrung erfüllt sind.

Schwarzer Turmalin – Dieser Stein schützt hauptsächlich vor Negativität.

Wassermelonen-Turmalin – Dieser Kristall hat eine grüne oder blaue Oberfläche und ist innen rot oder rosa. Dieser wunderschöne Stein fördert Objektivität und emotionale Klarheit. Er wird bei Nervosität und Depressionen eingesetzt und hat eine sehr belebende Wirkung.

Türkis

Es heißt, der Türkis trage die Energien des Himmels in sich. Er ist als einer der heiligsten Steine der Indianer bekannt. Der Türkis erhöht das Energieniveau und stärkt das Vertrauen. Menschen, die sich sozial engagieren, sollten ihn bei sich tragen. Der Türkis erdet und beschützt und hilft, mit der Realität in Verbindung zu bleiben. Er unterstützt das gesamte Energiesystem des Körpers und ermöglicht den Zugang zu höheren Bewusstseinsebenen und zum intuitiven Denken.

Er beruhigt den aufgewühlten Geist und sendet starke Heilschwingungen aus. Der Türkis hat den Ruf eines Meisterheilers. Sollten Sie jemals einen Türkis getragen haben, ist es gut möglich, dass Sie sich ohne ihn verloren fühlen. Dieser Stein ist ein hervorragender Gefährte auf allen Reisen, seien sie physischer oder spiritueller Natur.

Vanadinit

Dieser Stein steht für die Vernunft. Der Vanadinit verhindert die Verschwendung von Energien auf der physischen, mentalen, spirituellen und auch der finanziellen Ebene. Er lehrt die Mäßigung und hilft denjenigen, die zu Übertreibung oder Selbstzerstörung neigen. Heiler verwenden ihn bei Lungenerkrankungen (zum Beispiel Asthma) und chronischem Husten.

Versteinertes Holz

Es stammt von Bäumen, die vor Millionen von Jahren wuchsen und in mineralhaltiges Wasser gestürzt sind. Die Mineralien setzten sich im Holz ab und ließen Ablagerungen zurück, die dann hart wurden. Versteinertes Holz lehrt die Weisheit der Bäume. Es ermöglicht, die Sprache und Lehren der »stehenden Leute«, wie die Indianer sie nennen, zu verstehen. Auf Grund seines hohen Alters ist versteinertes Holz sehr hilfreich, um sich an vergangene Leben zu erinnern.

Zirkon

Dieser vielfarbige Stein fördert die Ausdauer und hilft bei der Überwindung von Hindernissen auf dem Lebensweg. Der Zirkon ist ein Lehrstein und ermöglicht das schnelle und effektive Erfassen der Lebensaufgabe. Er befähigt zu maximalem Fortschreiten auf dem eigenen Lebensweg. Man verwendet ihn bei Knochenbrüchen, Muskelrissen, Schwindelanfällen und als Gegengift.

Beschaffung und Verwendung von Kristallen

Es muss kein kostspieliger Zeitvertreib sein, Kristalle zu suchen. Kristalle gibt es überall auf der Welt. Sie liegen auf der Erde und warten darauf, gefunden zu werden. Strände, Felder, Wege und Gärten sind übersät davon. Sie sind nicht so präzise geschliffen und poliert wie diejenigen in den Schaufenstern, aber sie haben genau dieselben Heilqualitäten.

In einigen Steinbrüchen erhält man die Erlaubnis, in Bereichen zu schürfen, in denen nicht gearbeitet wird. Sie können dort anrufen und einen Termin ausmachen. Die Mühe lohnt sich, da Sie dort zwischen dem Geröll wunderbare Kristalle finden können.

Es ist ratsam, bei der Kristallsuche eine Kupfermünze, ein Taschenmesser und ein Stück Feuerstein dabeizuhaben, um die Härte des Fundes an Ort und Stelle prüfen zu können. Das ist ganz besonders nützlich, wenn man an Stränden sucht. Es passiert häufig, dass man einen schillernden Stein erspäht. Sobald er trocken ist, sieht er jedoch wie ein ganz gewöhnlicher Stein aus. Prüfen Sie seinen Härtegrad mit dem Feuerstein. Wenn dieser einen Kratzer in dem Stein hinterlässt, hat er nach Mohs einen Härtegrad von weniger als sieben und kann vorsichtig geschliffen werden.

Im Allgemeinen wendet man die Schleudertechnik an, um einen Stein zu schleifen. Ein Schleuderrad mit Schleifsand und den notwendigen Ölen kann ziemlich

kostspielig sein. Eine aufwendigere, aber sehr viel billigere Methode ist das Polieren mit Stahlwolle, die man in jedem Haushaltsgeschäft kaufen kann. Das Schleifen braucht Zeit und ist anstrengend, aber das Ergebnis ist es wert. Es ist unbeschreiblich befriedigend, wenn man einen geschliffenen Kristall besitzt, dessen Schönheit man selbst durch harte Arbeit ans Licht gebracht hat.
Es gibt zahlreiche Kristalle, die man sehr günstig erwerben kann. Geschliffene Edelsteine wie der Smaragd, der Saphir oder der Granat sind natürlich teuer. Sie können jedoch ungeschliffene Kristalle kaufen, die durchaus preiswert sind. Es finden regelmäßig Mineralienausstellungen statt, wo Sie die Steine direkt vom Importeur erwerben können. Auch Esoterik-Läden bieten meist eine große Auswahl an Kristallen an.
Es gibt seltene Situationen, in denen Sie ein spezieller Kristall so stark anzieht, dass Sie nicht umhinkönnen, diesen zu kaufen. Beim Kristallkauf sollten Sie grundsätzlich eine Preisgrenze bestimmen, die nur in solch besonderen Fällen überschritten wird.

Praktische Anwendungen

Kristalle können im alltäglichen Leben auf verschiedene Weise eingesetzt werden. Sie können Ihre Gesundheit und Ihre Lebensqualität erheblich verbessern. Wenn Sie einen Kristall um den Hals tragen, empfangen Sie ständig heilende Energien. Jeder Kristall schützt und kräftigt, wenn Sie ihn tragen. Er stärkt Ihr Vertrauen und bringt Ihre innere Schönheit zum Ausdruck. Sie können einen speziellen Kristall tragen oder eine Auswahl verschiedener Kristalle für unterschiedliche Situationen erwerben. Folgen Sie einfach Ihrer Intuition.

Kristalle und Feng Shui

Kristalle werden auch in der alten chinesischen Kunst des Feng Shui verwendet. Feng Shui bedeutet wörtlich »Wind und Wasser« und bezeichnet die Kunst, in vollkommenem Einklang mit dem Leben zu sein. Feng Shui bezieht sich auf das fünftausend Jahre alte Wissen der Chinesen um die fünf Elemente (Holz, Metall, Erde, Feuer und Wasser) in Verbindung mit den universalen Gesetzen. Indem man einen günstigen Energiefluss ermöglicht (chinesisch »Chi« – gesunde Energie), schafft man im Büro, zu Hause, im Garten oder im Park ein ideales Umfeld.

Wahrscheinlich gibt es in Ihrer Wohnung Stellen, die dunkel und ungenutzt sind. Dort entsteht »Sha« (ungesunde Energie). Sie können diese Energien vertreiben, indem Sie einen Kristall an solchen Stellen platzieren. Dasselbe gilt für Räume, in denen oft gestritten wird, oder für Ihr Schlafzimmer, falls Sie nicht gut schlafen.

Der Rosenquarz ist besonders geeignet, solche Räume zu »säubern«, da er negative Energie in positive verwandeln kann.

Der Amethyst absorbiert die schädliche Strahlung von elektrischen Geräten wie Fernseher, Stereoanlagen und Computern und sollte auf diesen platziert werden. Der Bergkristall wirkt ausgleichend und kann überall in der Wohnung eingesetzt werden, besonders in Treppenhäusern. Der Citrin ist sehr heilsam und eignet sich für Räume, in denen traumatische Ereignisse stattgefunden haben. Auch der Rauchquarz absorbiert negative Schwingungen und reinigt seine Umgebung. Sie sollten Ihre

Kristalle einmal im Monat ins Vollmondlicht stellen, um sie zu reinigen und zu energetisieren.

Es gibt noch ein paar andere Möglichkeiten, das Feng Shui in Ihrer Wohnung zu verbessern. Sie können Ihre Einrichtung verändern, Ihren Garten umgestalten, die Pflanzen in Ihrer Wohnung umstellen oder neue hinzufügen, die Farben verändern und Windspiele aufhängen, um stagnierende Energien in Bewegung zu bringen.

Reinigen und Aufladen von Wasser

Kristalle können Wasser verfeinern und aufladen. Wenn Sie einen speziellen Kristall über Nacht in ein Glas Wasser legen und dieses Wasser am nächsten Morgen auf nüchternen Magen trinken, hilft das Ihrem Körper, sich zu reinigen. Sie sollten diesen Vorgang nur einmal täglich durchführen und nicht zu viel trinken, sonst werden die Nieren überschwemmt und der Entgiftungsprozess behindert.

Sie können Kristalle auch in die Badewanne legen, um das Wasser zu energetisieren. Das ist besonders gut für die Haut!

Kristalle und Pflanzen

Kristalle und Pflanzen wachsen oft Seite an Seite. Sie haben eine starke Verbindung zueinander. Quarze sind für Pflanzen besonders gut. Sie verlängern die Lebensdauer von Schnittblumen; Ein Quarz auf dem Boden einer Vase bewirkt, dass die Blumen viel länger blühen. Wenn Sie Quarzkristalle zu Ihrem Gemüse legen, bleibt es länger frisch.

Viele Leute verwenden Düngemittel, um das Wachstum ihrer Pflanzen anzuregen. Ein Quarz in Ihrer Blumenerde ist weitaus wirkungsvoller. Er bringt auch Samen schneller zum Keimen als herkömmliche Mittel und hält die Keime gesund. Sie können sich selbst davon überzeugen. Nehmen Sie zwei Unterteller, ein wenig Baumwolle, ein paar Alfalfasprossen und ein paar Quarzkristalle. Befeuchten Sie die Baumwolle und legen Sie diese auf je einen Teller. Verteilen Sie ein paar Sprossen darauf und stellen Sie die Teller voneinander getrennt auf einen gut beleuchteten Fenstersims. Umgeben Sie einen der Teller mit Kristallen, den anderen lassen Sie, wie er ist. Wässern Sie nun die Sprossen täglich und beobachten Sie ihr Wachstum. Innerhalb weniger Tage werden Sie bemerken, dass die von Quarz umringten Sprossen größer und gesünder sind.

Samen, die im Garten ausgesät werden, wachsen ebenfalls besser, wenn Sie einen Quarz neben sie in die Erde stecken. Der Rosenquarz ist sehr hilfreich, wenn man Setzlinge und Pflanzen umtopfen will, da er ihren Schock mildert. Legen Sie einen Rosenquarz zu der Pflanze, die umgetopft werden soll und lassen Sie ihn nach dem Umtopfen drei weitere Nächte dort liegen. Das hilft der Pflanze bei der Eingewöhnung.

Kristalle und Kinder

Kinder lieben Kristalle und fühlen sich auf ganz natürliche Weise von ihren Heilenergien angezogen. Ein Amethyst neben dem Kinderbett oder unter dem Kissen verhindert Alpträume und lindert Kopfschmerzen, wenn man ihn in der Hand hält oder auf den Kopf legt. Kinder haben eine starke Intuition, und man kann eine Menge lernen, wenn man beobachtet, wie Kinder mit Kristallen umgehen. In Situationen, in denen ein Elternteil wütend ist, kommt es oft vor, dass das Kind ihm seinen Lieblingsstein gibt, weil es spürt, dass dieser die Liebe zwischen ihnen stärkt und dem Vater oder der Mutter die innere Heilung erleichtert. Auf der ganzen Welt legen Heiler ihren Patienten deren persönlichen Heilstein in die Hand, während sie mit ihnen arbeiten.

Bergkristall kann Kindern helfen, vor den Ungeheuern in ihren Träumen keine Angst mehr zu haben. Wenn das Kind aufwacht, kann es sich vorstellen, mit dem Kristall auf das Ungeheuer zu zielen und es damit schrumpfen zu lassen, bis es nicht mehr Furcht einflößend ist. Dadurch ermutigt, kann das Kind mit dem Ungeheuer Freundschaft schließen und im Kontakt mit ihm neue Erkenntnisse gewinnen. Viele Kinder lernen, diese Visualisierung zu wiederholen, während sie träumen. Wenn sie das schaffen, werden sie meistens nicht mehr von bösen Träume gequält.

Das heißt nicht, dass sie niemals wieder böse Träume haben werden, aber sie haben gelernt, wie man mit solchen Träumen umgeht und wie man diese in lehrreiche Erfahrungen verwandelt.

Reinigen, Aufladen und Programmieren von Kristallen

Jeder Mensch hat seinen persönlichen Kristall oder Heilstein – ein Geschenk der Erde, das die seelische Entwicklung unterstützen sollen. Dieser persönliche Kristall kommt auf eine Weise zu Ihnen, die Sie nicht vergessen werden und die keinen Zweifel daran lässt, dass Sie eine besondere Verbindung mit ihm haben.
Sie sollten Ihren Kristall immer für seine Unterstützung ehren und achten. Ihren Kristall achten, heißt ihn pflegen. Sie können einen Beutel für ihn anfertigen oder auch kaufen, um ihn bei sich zu tragen. Sie können ihn auch an einen für Sie wichtigen Platz legen und dafür sorgen, dass er immer sauber und strahlend bleibt.
Vielleicht ist Ihr persönlicher Kristall ein Diamant, ein Amethyst oder Jade. Fühlen Sie sich nicht minderwertig, wenn Ihr Stein ein Stück Granit oder milchiger Quarz, ein Kiesel oder eine Muschel ist. Diese sind ebenso wichtig, da jeder Stein oder Fels einen Kristall in sich trägt. Aus universeller Sicht hat jeder Stein, ob nun Kristall oder Edelstein, im Reich der Kristalle den gleichen Wert. Somit sind Größe und Preis des Kristalls nicht ausschlaggebend. Was auch immer zu Ihnen kommt, ist Ihr persönlicher Kristall und hat eine besondere Verbindung mit Ihrer Schwingung. In der Weise, wie Sie mit den Planeten in Beziehung stehen, werden die entsprechenden Qualitäten in Ihr Leben kommen. Welcher Stein auch immer zu Ihrem Begleiter wird, er hat genau die richtige Energie für Sie.

Ihr persönlicher Heilstein kann ein Leben lang bei Ihnen bleiben oder Sie nach einer kleinen Weile wieder verlassen. Ihr Stein wird so lange bei Ihnen bleiben, wie sie sich gegenseitig brauchen. Dann wird er weitergeschickt, um jemand anderem zu helfen. Wenn Ihr Heilstein Sie verlässt, vertrauen Sie darauf, dass schon bald ein anderer kommt. Machen Sie sich keine Sorgen, wenn Sie Ihren Heilstein verloren haben. Es war genau der richtige Zeitpunkt.

Wie Sie Ihren Heilstein wählen

Wahrscheinlicher ist jedoch, dass Ihr Heilstein Sie wählt! Bitten Sie das Universum, Ihnen Ihren Heilstein zu schicken, um von dem Wissen und der Weisheit der Kristalle zu lernen.
- Äußern Sie Ihre Absicht klar und deutlich, während Sie Ihren Kristall rufen. Am besten tun Sie das, wenn Sie ruhig und zentriert sind.
- Schließen Sie Ihre Augen, und machen Sie ein paar tiefe Atemzüge. Atmen sie »Frieden« ein und »Alles ist gut« wieder aus. Wiederholen Sie dies so lange, bis Sie wieder im Gleichgewicht sind.
- Legen Sie Ihre Hände mit den Handflächen nach oben in Ihren Schoß. Jetzt können Sie mit Ihrer Anrufung oder Ihrem Gebet beginnen.
- Wenn Sie etwas zu sich rufen, sollten Sie die Hände dabei geöffnet lassen. Wenn Sie Ihre Energie in sich behalten wollen, müssen Sie die Hände geschlossen halten (zum Beispiel vor der Arbeit mit einem Klienten, wofür Sie Ihre heilenden Energien sammeln und stärken wollen).

Es gibt keine bestimmte Methode, um Ihren Heilstein zu rufen. Vor allem ist es wichtig, einen klaren Verstand und ein reines Herz zu bewahren. Das Universum wird Ihrer Bitte nachkommen. Sie müssen einfach Geduld haben, bis Ihr Stein erscheint.

Vielleicht sehen Sie in einem Geschäft einen Kristall, der Sie sehr stark anzieht, oder ein Stein fällt ohne ersichtlichen Grund aus einem Regal vor Ihre Füße. Vielleicht bekommen Sie auch einen Kristall geschenkt, der sich als Ihr persönlicher Heilstein entpuppt. Sobald Sie nach Ihrem Stein rufen, kann er auf viele Arten in Erscheinung treten. Halten Sie Ihre Augen offen und seien Sie wachsam.

Sie können herausfinden, ob ein Stein Ihr persönlicher Heilstein ist, indem Sie ihn in Ihre linke Hand nehmen und danach fragen. Bleiben Sie offen, während Sie auf die Antwort warten, ganz so, als ob Sie jemandem zuhören würden, der gleich zu Ihnen sprechen wird. Sie werden sehen, dass in Ihrem Geist entweder Worte oder Symbole oder eine ganze Geschichte entsteht. Vertrauen Sie diesem Prozess. Seien Sie ehrlich zu sich selbst, denn falls Sie sich Ihren persönlichen Stein nur um seiner Schönheit willen aussuchen (möglicherweise haben Sie einen Stein abgelehnt, der glanzlos und unattraktiv war), dann verpassen Sie die Informationen, die das Reich der Minerale für Sie bereithält.

Wie Sie Kristalle reinigen

Es wird oft empfohlen, Kristalle im Sonnenlicht zu reinigen. Das gilt aber nicht für alle Kristalle und Edelsteine. Einige von ihnen wachsen in Höhlen und Spalten oder tief unter der Erde. Viele von ihnen sind durch Feuer und Reibung entstanden, waren aber nie direktem Sonnenlicht ausgesetzt. Somit ist es für manche Kristalle eine vollkommen unnatürliche und energieraubende Erfahrung. Ein Amethyst beispielsweise verblasst sehr schnell, wenn er in der Sonne liegt. Die Kraft des direkten Sonnenlichts entzieht diesem Kristall seine subtilen weiblichen Qualitäten. Einen Amethyst reinigt man am besten im Mondlicht.

Ein Kristall kann männlich, weiblich oder sogar androgyn (eine Mischung aus beiden) sein. Sollte der Kristall weiblich sein, kann es ihm schaden, wenn er zu lange in der Sonne liegt. Einen weiblichen Kristall sollten Sie im Mondlicht reinigen, einen männlichen im Sonnenlicht. Es gibt unterschiedliche Arten, das Geschlecht ihres Kristalls zu bestimmen:

1. Fragen Sie Ihren Kristall danach.
2. Fühlen Sie seine Beschaffenheit. Im Allgemeinen ist ein weiblicher Kristall weicher, glatter und runder als ein männlicher. Ein männlicher Stein ist eher phallisch, spitz oder rau.
3. Männliche Kristalle senden starke Schwingungen aus, während weibliche eher subtile Schwingungen ausstrahlen.
4. Ein männlicher Stein überträgt Energie, während ein weiblicher von Natur aus empfänglich ist.

Männliche Kristalle

Sie richten Ihre Energie nach außen und dienen dazu, heilende Energie zu übertragen und Wünsche zu projizieren, sie stärken Vertrauen und Selbstwert, Willenskraft, Ausdauer, Erfolg und Glück.

Achat (Band)	Achat (rot)
Apachenträne	Bergkristall
Blutstein	Citrin
Diamant	Feueropal
Feuerstein	Granat
Hämatit	Jaspis (rot)
Karneol	Obsidian
Onyx	Manganspat
Rhodochrosit	Sonnenstein
Topas	Zirkon

Die oben genannten Kristalle können alle im Sonnenlicht gereinigt werden. Fragen Sie Ihren Kristall jedoch immer zuerst, ob es für ihn in Ordnung ist.

Weibliche Kristalle

Sie fördern die Entspannung in Stresssituationen, Fruchtbarkeit, Liebe und die Entwicklung der Herzenergie, Weisheit und Verständnis, Meditation, spirituelle Bestrebungen, Traumarbeit, die seelische Entwicklung und die Intuition.

Achat (Moos)	Amethyst
Aquamarin	Azurit
Bergkristall	Beryll
Chalcedon	Quarz
Calcit (blau)	Calcit (rosa)
Celestit	Chrysokoll
Chrysopras	Fossil
Jade	Jaspis (grün)
Lapislazuli	Malachit
Mondstein	Opal (blass)
Pechkohle	Perle
Perlmutt	Quarz (blau)

Quarz (rauchig)   Quarz (rosa)
Saphir   Smaragd
Sugilith   Turmalin (grün)
Turmalin (schwarz) Türkis
Versteinertes Holz

Alle oben genannten Steine können im Mondlicht gereinigt werden. Doch fragen Sie auch hier Ihren Kristall, ob er damit im Einklang ist.

Wenn Sie Ihre Kristalle pflegen und regelmäßig reinigen, können diese ihre Kräfte umso besser für Sie einsetzen. Am schnellsten reinigt man einen Kristall, indem man ihn mit Kräutern einräuchert. Sie können zum Beispiel Wacholderöl in eine Duftlampe geben und den Kristall in den Dämpfen »baden«, oder Sie können ein Räucherstäbchen anzünden und den Stein im Rauch reinigen.
Eine der gründlichsten Reinigungsmethoden ist das Baden in gesalzenem Quellwasser. Dazu benötigen Sie:

Eine Glasschüssel
Einen Kristall Ihrer Wahl
Einen Teelöffel Salz
Quellwasser

– Verwenden Sie bitte nur Glasgefäße, da Metallgefäße die ektromagnetischen Partikel des Kristalls beeinflussen können.
– Geben Sie das Salz in die Schüssel und füllen Sie so viel Quellwasser hinein, dass der Kristall vollkommen bedeckt ist.
– Lassen Sie Ihren Kristall für acht Stunden oder über Nacht darin liegen, um sicherzugehen, dass er von allen Rückständen gereinigt wird.

- Nach diesem Vorgang waschen Sie ihn mit frischem Quellwasser ab.

Wenn Ihr Kristall gerade in einer Heilsitzung benutzt wurde und sich warm oder sogar heiß anfühlt, sollten Sie ihn für ein paar Stunden ruhen lassen, bevor Sie ihn ins Wasser legen. Sonst kann es passieren, dass das Wasser für den Stein zu kalt ist und er auseinander bricht. Das Wasser wirkt sehr erdend auf die Energie, die sich in dem Kristall angesammelt hat. Durch die Kälteeinwirkung kann der Stein einen Schock bekommen und dadurch seinen »Inhalt« zu schnell entladen.

Wie Sie Ihren Kristall programmieren

Kristalle können für spezielle Zwecke programmiert werden, zum Beispiel für Heilungsprozesse, für Wünschelrutengänge, persönliches Wachstum, Wohlstand oder zum Schutz. Wenn ein Kristall einmal programmiert ist, sollte er nur zu diesem Zweck verwendet werden. Auf diese Weise bleibt die auf ein bestimmtes Ziel ausgerichtete Kraft des Kristalls erhalten.

Möglicherweise haben Sie bereits Steine, die unterschiedlich programmiert sind, vielleicht ein paar Kristalle zum Heilen, einen für den Wünschelrutengang und ein paar Kristalle für Ihre Arbeit. Sie sollten die Kristalle befragen, welchem Zweck sie dienlich sein wollen, bevor Sie sie programmieren.

Wenn Sie sich noch nicht lange mit Kristallen beschäftigen, empfiehlt es sich, Kristalle aus der Quarzfamilie zu verwenden. Dazu gehören der Amethyst, der Citrin, der

Bergkristall, Rosenquarz, Rauchquarz und Rutilquarz. Der Amethyst und der Bergkristall sind dafür am besten geeignet.

Sollten Sie einen Kristall zum ersten Mal programmieren, reinigen Sie ihn zunächst in Salzwasser (wie auf den Seiten 70 bis 71 beschrieben). Alle Kristalle werden von ihrer Umgebung und deren Atmosphäre beeinflusst und müssen erst wieder in Balance kommen, bevor sie für Sie arbeiten können.

Der Kristall, den Sie ausgewählt haben, wird sich Ihren jeweiligen Bedürfnissen anpassen. Wenn Sie sich einen Kristall aussuchen, lassen Sie sich am besten von Ihrer Intuition leiten und nehmen denjenigen Stein, der Ihnen »in die Augen springt«. Bevor Sie den Kristall programmieren, sollten Sie sich in weißes Licht hüllen und zu den Lichtwesen oder zu etwas anderem, das Ihnen das Gefühl von Liebe und Frieden vermittelt, beten. Sie selbst sollten in diesem Prozess so rein wie möglich sein.

So können Sie den Kristall auf das Programmieren vorbereiten.
- Bewegen Sie den Kristall durch die Flamme einer weißen Kerze. Dann ziehen Sie ihn durch die Dämpfe einer Duftlampe mit Wacholderöl oder durch den Rauch eines Räucherstäbchens (je reiner, desto besser). Daraufhin graben Sie Ihren Kristall für eine Weile in der Erde ein.
- Ein Tag in der Erde ist genug, um das Gleichgewicht eines Kristalls wiederherzustellen.
- Nehmen Sie den Stein aus der Erde und waschen Sie ihn mit Quellwasser ab. Jetzt ist Ihr Kristall vorbereitet.

Das Programmieren umfasst folgende Schritte:
- Nehmen Sie den Kristall in Ihre rechte Hand (oder in die linke, wenn Sie Linkshänder sind), schließen Sie Ihre Augen und bitten Sie den Geist des Kristalls um Erlaubnis, mit ihm bzw. ihr arbeiten zu dürfen.
- Stellen Sie sich vor, dass der Kristall alle Qualitäten bereithält, die Sie benötigen (beispielsweise zum Heilen und Lehren). Möglicherweise empfangen Sie imaginäre Bilder von Tieren oder Menschen, vielleicht sehen Sie Farben oder Symbole. Der Geist des Kristalls nährt diese Bilder mit Energien, die Ihnen dienlich sind.
- Bleiben Sie für mindestens zehn Minuten still mit Ihrem Kristall sitzen, um die Programmierung zu vollenden.
- Tragen Sie den Kristall mit sich, am besten in dem Körperbereich, mit dem Sie arbeiten wollen. Wenn Sie zum Beispiel mit dem Hals-Chakra arbeiten, ist es ratsam, den Heilkristall um den Hals zu tragen. Es hängt von der Tiefe und Intensität Ihrer Selbstheilung ab, wie oft Ihr Kristall gereinigt und neu programmiert werden muss.
- Um Ihrem Kristall zu reinigen und neu zu programmieren, legen Sie ihn einfach wieder in Salzwasser (mindestens acht Stunden lang), waschen ihn danach mit frischem Quellwasser ab und programmieren ihn entsprechend.

Auf diese Art und Weise können Sie jeden Kristall programmieren; Sie müssen jedoch immer vorher den Geist des Kristalls um Erlaubnis fragen. Sollte der Kristall nicht mit Ihrer Absicht übereinstimmen, wird er wohl immer wieder herunterfallen oder sich einfach nicht gut anfühlen. Denken Sie noch einmal über Ihre Frage nach, prüfen Sie Ihre Motivation und lauschen Sie auf Ihre Intuition. Je mehr Sie Ihrer inneren Stimme vertrauen, umso stärker werden Ihre inneren Fähigkeiten.

Wenn Sie einen Kristall verschenken wollen, können Sie diesen vorher programmieren, so dass er der betreffenden Person zum Beispiel Gesundheit, Glück oder Freude bringen kann.

Je öfter Sie Ihren Kristall benützen, desto häufiger müssen Sie ihn reinigen und wieder neu programmieren. Alle Kristalle sollten einmal im Monat gereinigt werden, um in bestmöglichem Zustand zu bleiben. Es ist empfehlenswert, Ihre Kristalle an jedem Vollmond zu reinigen und zu Beginn jeder Jahreszeit besondere Reinigungszeremonien zu vollziehen.

Sonnenkristalle sammeln besonders viel Kraft bei der Sommersonnwende, während die Mondkristalle besonders bei der Wintersonnwende aufgeladen werden. Nutzen Sie auch die Energie der Tagundnachtgleiche, um Heilkristalle wieder in Balance zu bringen.

Meditation mit Kristallen

Die Wächter der Kristalle
Für diese Übung brauchen Sie einen Kristall oder Edelstein und dreißig Minuten lang Ruhe – stecken Sie am besten das Telefon aus. Nehmen Sie den Kristall in die Hand, und setzen Sie sich bequem hin (Sie können auch liegen). Vielleicht wollen Sie die Visualisierung auf Kassette aufnehmen oder eine Person Ihres Vertrauens teil-

nehmen lassen. Manche bevorzugen ein gleichmäßiges Trommeln im Hintergrund, um sich einzustimmen.
Schließen Sie Ihre Augen, und atmen Sie tief. Entspannen Sie sich. Visualisieren Sie Wurzeln, die aus Ihren Füßen in die Erde wachsen, und fühlen Sie die Verbundenheit mit ihr.
Nun lassen Sie Ihren Geist aus dem Körper treten und so klein werden, dass der Kristall im Vergleich dazu riesig erscheint. Betrachten Sie den Kristall aus dieser neuen Perspektive und erforschen Sie für eine Weile seine Oberfläche. Sie bemerken einen durchsichtigen Tunnel, der in das Innere des Kristalls führt, und Sie betreten diesen ohne Furcht. Sie sehen ein Licht, das immer stärker wird. Sie kommen in einen kristallenen Raum, der funkelt und strahlt. Vor sich sehen Sie nun den Wächter des Kristalls. Er kann als Mann, als Frau oder auch als Tier erschienen. Sie kommunizieren geistig miteinander, und der Wächter heißt Sie willkommen.
Fragen Sie den Wächter, warum der Kristall in Ihr Leben getreten ist. Falls Sie ein Problem oder eine Frage haben, bitten Sie den Wächter um Antwort.
Sie werden fühlen, wann es Zeit ist zu gehen. Verabschieden Sie sich von dem Wächter, und gehen Sie durch den Tunnel zurück. Fühlen Sie, wie Ihr Geist in Ihren Körper zurückströmt und Sie Ihre normale Größe wiedererlangen.
Nun sind Sie wieder bei Bewusstsein. Atmen Sie dreimal tief, bewegen Sie Finger und Zehen, und öffnen Sie Ihre Augen.

Meditation zur Reinigung des Geistes

Während Sie Ihren Geist reinigen, sollten Sie weder einen Zauberspruch noch einen Wunsch formulieren. Seien Sie einfach still. Sie benötigen:

Einen ruhigen Platz
Ein Meditationskissen oder
einen Stuhl mit gerader Lehne
Diamantelixier (siehe Seite 137 bis 148).
Einen Amethyst

- Versichern Sie sich, dass Sie zwanzig Minuten lang nicht gestört werden. Setzen Sie sich auf einen Stuhl, die Füße schulterbreit auseinander gestellt, oder in aufrechter Meditationshaltung auf Ihr Sitzkissen.
- Atmen Sie ein paar Mal tief, um sich zu zentrieren und zu beruhigen.
- Träufeln Sie sieben Tropfen des Edelsteinelixiers auf Ihre Zunge.
- Nehmen Sie den Amethyst in Ihre linke Hand, und legen Sie Ihre Hände in den Schoß. Die Handflächen zeigen nach oben, und die linke Hand liegt in der rechten. Machen Sie nun die Übung »Friedensatmung«, die unten beschrieben ist.

Friedensatmung

Halten Sie Ihren Rücken gerade, und atmen Sie gleichmäßig und entspannt. Beim Einatmen atmen Sie »Frieden« ein und beim Ausatmen »Alles ist gut« wieder aus. Wenn der Geist anfängt, unruhig zu werden, konzentrieren Sie sich auf Ihre Atmung.

- Meditieren Sie ungefähr 15 Minuten lang. Wenn Sie dazu den Wecker verwenden wollen, legen Sie ihn am

besten unter ein Kissen, damit der Alarm Sie nicht erschreckt.
- In den letzten fünf Minuten visualisieren Sie ein Licht, das durch Ihr Scheitel-Chakra in Ihren Geist eindringt und ihn reinigt und klärt. Stellen Sie sich vor, wie das Licht Ihr Bewusstsein erhellt, bis Ihr Geist sich klar und erleuchtet fühlt.
- Bewegen Sie vorsichtig Ihre Glieder, und öffnen Sie beim Ausatmen die Augen, um die Meditaition zu beenden.

Heilen mit Kristallen

Bevor Sie Kristalle zum Heilen verwenden, sollten Sie sich darüber im Klaren sein, wie sich Ihre persönliche Heilenergie manifestiert. Im Allgemeinen gibt es drei Wahrnehmungsmöglichkeiten: Hitze in den Handflächen, Kälte im Zentrum der Handflächen und – am häufigsten – ein Prickeln in Händen und Handflächen. Wenn Sie zuerst ein Prickeln spüren und dann Hitze (nur an bestimmten Stellen), kann das bedeuten, dass sich dort überschüssige Energie sammelt. Sollten Sie zunächst ein Prickeln und daraufhin Kälte fühlen (ebenfalls nur an bestimmten Stellen), dann zeigt das normalerweise eine Energieschwäche an.

Die Wahrnehmung von Hitze oder Kälte kann Teil Ihrer persönlichen Heilmethode sein. Sollte das der Fall sein, dann müssen Sie sich an eine Steigerung von Hitze (Yang) und Kälte (Yin) gewöhnen, während Sie arbeiten. Lassen Sie sich von Ihren Händen zu den Stellen des Körpers führen, die Heilung brauchen. Das Magnetfeld des Körpers wird Ihre Hände automatisch an die Stellen ziehen, die sich im Ungleichgewicht befinden. Lernen Sie, mehr und mehr auf Ihre Intuition zu achten und sich bewusst zu werden, wie die Heilenergie durch Sie arbeitet.

Heilen mit Schwingungen

Energie ist überall. Alles ist Energie. Auch Dinge, die wir als leblos betrachten, sind ein Produkt energetischer Aktivität. Fossilien, Felsen und Kristalle sind sozusagen das Endprodukt energetischer Aktivität auf und unter der Erde. Energie ist die Grundlage des uns bekannten Universums. Alles wurde aus reiner Energie geboren und hat sich innerhalb des elektromagnetischen Spektrums in unserer Welt manifestiert.
Energie verhält sich jedoch unterschiedlich, je nachdem, welche Einflüsse auf sie einwirken. Dadurch entsteht diese unglaubliche Vielfalt und Einzigartigkeit, die das Leben um uns herum hervorbringt. In der Schöpfung hat alles eine eigene Schwingung und Resonanz, die auch als persönliche Handschrift bezeichnet werden könnte. Diese Handschrift bestimmt die Beschaffenheit Ihres Körpers, Ihre Persönlichkeit, Ihren Charakter, Ihre Stärken und Schwächen und all das, was Ihre persönliche Schwingung ausmacht.
Ein Heiler oder eine Heilerin, der bzw. die mit Schwingungen heilt, stimmt sich auf Ihre Schwingung ein und schlägt Ihnen dann eine bestimmte Behandlung vor. Diese beinhaltet im Allgemeinen eine Diät, eine bestimmte Meditation und spezielle Visualisierungen, damit Sie wieder ins Gleichgewicht kommen.

Schwingungen wahrnehmen

Für diese Art des Heilens muss man physische wie auch feinstoffliche Schwingungen spüren können. Feinstoffliche Energien sind die Form von Energie, die man mit den erweiterten Sinnen, jenseits der fünf Sinne (Tasten,

Hören, Sehen, Riechen und Schmecken), wahrnehmen kann. Hellfühligkeit bedeutet, dass man die Berührung der Seele wahrnehmen kann und die Fähigkeit besitzt, auf einer subtilen Ebene zu fühlen und zu spüren. Hellhörigkeit bedeutet, die Stimme der Seele zu hören, und Hellsichtigkeit bedeutet, die unsichtbare Welt sehen zu können. Das Schmecken und Riechen mit erweiterten Sinnen ist nicht sehr geläufig, obwohl der Duft eines Parfums oder der Geruch von Zigarrenrauch die Präsenz eines Verstorbenen anzeigen kann. Wenn Sie ein sehr intuitiver Mensch sind, haben sich Ihre erweiterten Sinne schon so weit entwickelt, dass Sie die nicht physischen Schwingungen, die die physische Welt jedoch stark beeinflussen, wahrnehmen können.

Um die Entwicklung Ihrer Sensitivität zu unterstützen, sollten Sie zunächst mit dem Abtasten Ihrer eigenen Aura beginnen:
- Reiben Sie Ihre Hände kräftig aneinander und streichen Sie diese kurz an Ihren Seiten herunter.
- Heben Sie Ihre Hände auf Schulterhöhe an. Halten Sie diese nun so vor sich, dass die Handflächen nach unten zeigen.
- Jetzt winkeln Sie Ihre Ellenbogen an, so dass Ihre Handflächen von Ihnen wegzeigen. Dann lassen Sie Ihre Handflächen zueinander zeigen, ohne dass diese sich berühren.
- Nun führen Sie Ihre Handflächen langsam zusammen, bis Sie ein Prickeln, Hitze oder Kälte spüren können. Das ist die energetische Ausstrahlung Ihrer Aura.

Sie können auch mit dem Spüren anderer Körperteile experimentieren. Die häufigste Erfahrung ist die Wahrnehmung eines Prickelns. Das ist die elektromagnetische Energie, die der physische Körper produziert. Experimentieren Sie, indem Sie Ihre Handflächen in unterschiedlichen Abständen zu Ihrem Körper halten und indem Sie Ihre Aura an den Stellen berühren, die Sie intuitiv anziehen. Je öfter Sie diese Technik praktizieren und je mehr Sie lernen zu »fühlen«, desto besser werden sich Ihre intuitiven Fähigkeiten entwickeln. Im Laufe der Zeit lernen Sie, diesen immer mehr zu vertrauen. Somit werden Sie Schritt für Schritt tiefere Schichten des Heilens durch Schwingungen kennen lernen.

Fragen Sie Freunde oder Kollegen, ob Sie deren Aura abtasten dürfen. Sie werden merken, welche Hand intuitiv abtastet. Das ist Ihre empfangende Hand – sie empfängt bzw. fühlt Energie. Die andere Hand ist diejenige, mit der Sie Energie abgeben. In den meisten Fällen ist die linke Hand die empfangende und die rechte die gebende. Sollte es bei Ihnen umgekehrt sein, ist das völlig in Ordnung.

Bei einem weiteren Experiment halten Sie Ihre Hände in einem Abstand von etwa fünf Zentimetern vor sich, die Handflächen zeigen zueinander. Stellen Sie sich vor, wie Energie Ihre Arme hinabfließt und durch Ihre Handflächen austritt. Welche Hand fühlt sich dabei besser an? Welche ist dominanter? Wie schon erwähnt, handelt es sich dabei um Ihre gebende Hand. Diese strahlt Heilenergie aus. Die andere Hand ist die empfangende, die die subtilen Energien leichter erspüren kann. Diese Hand benutzen Sie, um die Aura abzutasten und zu diagnostizieren.

Nachdem Sie die Aura wahrgenommen haben, sollten Sie

wissen, welche Stellen der Heilung bedürfen und welche Form der Behandlung angebracht ist. Sie können zum Beispiel Kristalle auf die betreffenden Körperstellen legen. Wenn Sie erfühlen, welche Stellen anders schwingen als der Rest, können Sie einen entsprechend farbigen Stein für diesen Körperteil verwenden (siehe Liste auf Seite 100 bis 101). Sie können auch die Tabelle der Kristalle und der ihnen zugeordneten Heilwirkungen zu Hilfe nehmen (siehe Seite 149 bis 152). Weiterhin ist es möglich, auszupendeln, welches Chakra betroffen ist und welchen Kristall Sie am besten verwenden sollen.

Pendeln

Pendeln ist wunderbarer Weg, intuitive Fähigkeiten zu entwickeln. Er ist besonders für Menschen geeignet, die noch kein großes Vertrauen in Ihre Intuition und Ihre Gefühle haben; beim Pendeln können objektive Zeugen den Vorgang beobachten. Wir haben herausgefunden, dass sich Metallpendel besonders zur Suche verlorener Objekte eignen; Holzpendel sind besonders für die Suche nach Wasser geeignet; Kristallpendel verwendet man vor allem für intuitive Arbeit. Der Bergkristall und der Amethyst sind dafür besonders zu empfehlen. Kristallpendel findet man in größeren Esoterik-Läden oder in Mineraliengeschäften.

Wie man ein Pendel anwendet: Sie brauchen ein Kristallpendel an einer Silber- oder Goldkette (Sie können auch eine Schnur aus Seide verwenden, die an beiden Seiten offen, das heißt nicht mit Metall eingefasst ist). Zunächst müssen Sie herausfinden, wie sich Ihr Pendel, als Reaktion auf Ihre Fragen, bewegt:

Arbeit mit einem Pendel

- Wickeln Sie die Kette Ihres Pendels ein- oder zweimal um Ihren Zeigefinger, um eine Verbindung herzustellen. Halten Sie die Kette zwischen Zeigefinger und Daumen, so dass die Kette herunterhängt (siehe Bild oben).
- Lassen Sie das Pendel hin- und herschwingen, so dass es sich in Ihre Richtung bewegt und wieder von Ihnen entfernt. Versuchen Sie, Ihren Arm und Ihre Hand dabei still zu halten. Diese Vor- und Zurückbewegung ist das neutrale Schwingen eines Pendels.
- Bitten Sie Ihr Pendel, Ihnen ein »Nein« zeigen. Wenn Sie das Ergebnis haben, bitten Sie um das »Ja«.

Seien Sie nicht enttäuscht, wenn anfangs wenig passiert. Mit einem Pendel vertraut zu werden, dauert seine Zeit. Üben Sie, indem Sie einfache Fragen stellen, die entweder ein Ja oder ein Nein erfordern. Stellen Sie Fragen, deren Antwort Sie sowieso bald wissen werden. Fragen Sie beispielsweise: »Werde ich nächste Woche meine Führerscheinprüfung bestehen?« An dem Ergebnis werden Sie Ihre Fortschritte mit dem Pendel erkennen.

Beachten Sie, dass ein Pendel nur Fragen, auf die es ein Ja oder ein Nein gibt, beantworten kann. Sie können Ihr Pendel beispielsweise fragen: »Hilft dieser Kristall, den Zustand von XY zu verbessern?«, aber Sie können nicht fragen: »Hilft dieser Kristall den Zustand von XY zu verbessern, oder nicht?« Darauf kann es nicht antworten. Stellen Sie einfache Frage, und missbrauchen Sie es nicht für triviale Angelegenheiten. Solange Sie üben, ist es jedoch in Ordnung, auch unwichtige Dinge zu erfragen.

Pendeln mit Hilfe einer Tabelle: Wenn Sie wollen, können Sie die Tabelle auf Seite 100 bis 101 verwenden.
- Halten Sie Ihre empfangende Hand über das gewählte Chakra, und lassen Sie das Pendel in Ihrer anderen Hand hin- und herschwingen.
- Fragen Sie: »Braucht dieses Chakra eine Behandlung?« Sie werden ein Ja oder ein Nein als Antwort erhalten.
- Wenn die Antwort Ja lautet, dann halten Sie Ihre empfangende Hand über den entsprechenden Abschnitt der Tabelle und fragen, ob dieser Stein dem Chakra X hilft, wieder ins Gleichgewicht zu kommen. So verfahren Sie weiter, bis Sie den geeigneten Kristall gefunden haben.
- Wenn Sie den passenden Kristall gefunden haben, legen Sie ihn auf die Stelle, die Sie ausgependelt haben, und lassen ihn dort für etwa zehn Minuten liegen.
- Bitten Sie Ihren Klienten, die Augen zu schließen, sich zu entspannen und die Farbe einzuatmen, die mit dem betreffenden Chakra korrespondiert.
- Bei jedem Ausatmen soll der Klient alle angestauten Gefühle und Emotionen sowie Schmerz und Frustration durch das Chakra in den Stein leiten, der auf ihm liegt.

- Es kommt vor, dass der Klient von seinen Emotionen überwältigt wird. Wenn das der Fall ist, entfernen Sie den Kristall, legen diesen an eine Seite seines Körpers und reiben seine Füße. Dabei stellen Sie sich vor, wie die überschüssige Energie durch die Fußsohlen in den Boden abgeleitet wird. Halten Sie Ihren Klienten dazu an, ruhig zu atmen und während des Einatmens »Frieden« und beim Ausatmen »Alles ist gut« zu visualisieren. Ihr Klient wird sich schnell wieder beruhigen, vorausgesetzt, Sie bleiben ruhig und gefasst. Es ist jedoch völlig normal, wenn Ihr Klient ein paar Tränen vergießt und sich energetisch erleichtert fühlt; das passiert vielen Menschen während einer Heilbehandlung.
- Reagiert Ihr Klient normal (wir erwähnen hier die Möglichkeit einer Überreaktion, obwohl diese sehr selten vorkommt, damit Sie vorbereitet sind), dann entfernen Sie den Kristall nach zehn Minuten und legen ihn in einen Topf mit Erde, damit er sich erholen kann.
- Nehmen Sie einen Bergkristall, einen Amethyst oder den Kristall, den Sie für allgemeine Heilbehandlungen verwenden, und umkreisen Sie damit den ganzen Körper. Dabei visualisieren Sie Licht und Liebe, die Ihren Klienten umgeben und unterstützen.
- Ihre Sitzung ist beendet. Sagen Sie Ihrem Klienten, er solle sich strecken, sachte seine Glieder bewegen und die Augen öffnen.
- Jetzt müssen Sie sich um Ihren Kristall kümmern, der die negative Energie in sich aufgenommen hat. Nachdem er eine Zeit lang ruhig und friedlich dagelegen ist, am besten in einem Topf mit Erde und für etwa zwei Stunden, können Sie ihn mit Salzwasser reinigen (wie auf Seite 70 bis 71 beschrieben).

Die Kombination von Kristall- und Blütenessenzen

Heiler, die mit Schwingungen arbeiten, mäßigen die Kraft der Kristall- und Edelsteinmedizin mit Blütenessenzen. Daraus ergibt sich die so genannte Kombinationsessenz. Diese ermöglicht dem Körper, die heilenden Schwingungen auf eine sanftere Weise aufzunehmen.

In den dreißiger Jahren entwickelte Dr. Edward Bach 38 verschiedene Blütenessenzen, die insbesondere dazu beitragen sollen, die Balance von Körper, Geist und Seele wiederherzustellen. Seit den siebziger Jahren sind eine ganze Reihe von Essenzen auf den Markt gekommen, zum Beispiel Kristall- und Edelsteinessenzen, Sternenlicht- und Meeresessenzen. Dank der fortschrittlichen und hingebungsvollen Arbeit von Dr. Edward Bach sind mittlerweile viele verschiedene Schwingungsessenzen aus der ganzen Welt erhältlich.

Kristall- und Blütenessenzen für bestimmte Beschwerden

Edelstein/Pflanze	Beschwerde
Amazonit	Bringt Verbindung mit der Natur, ermöglicht Neuanfang.
Amethyst	Bringt Klarheit und Wohlbefinden, hilft bei Kopfschmerzen und Alpträumen.
Bergkristall	Stärkt die Aura, hilfreich nach harter Arbeit
Diamant (weiß)	Bringt Verbindung mit dem höheren Selbst, hilfreich bei Verwirrung.
Echinacea	Stärkt das Immunsystem.

Edelstein/Pflanze	Beschwerde
Gold	Stärkt die väterliche Liebe (hilfreich für Kinder, die ihren Vater vermissen).
Kupfer	Stärkt das Selbstvertrauen, beruhigt die Nerven
Löwenmaul	Hilft bei Kiefer-, Gesichts- und Halsbeschwerden
Mondstein	Hilft bei Problemen mit der Fruchtbarkeit.
Obsidian	Beruhigt den Magen, hilft bei Reiseübelkeit.
Onyx	Wirkt erdend.
Passionsblume	Hilfreich bei Hyperaktivität, Rastlosigkeit
Schwarzer Turmalin	Hilfreich bei Stresssymptomen
Silber	Hilft bei Stress, beruhigt Kinder, die ihre Mutter vermissen.
Smaragd	Bringt Frieden, Harmonie und Balance, hilft bei Hyperaktivität.
Sternsaphir	Hilft bei Depressionen.
Wilder Hafer	Trägt dazu bei, Sinn und Ziel des Lebens zu erkennen (hilfreich für Teenager).

Es gibt auch zwei Essenzen für Notfälle: Die Edelstein-Schockkombination setzt sich aus Kristallessenzen zusammen, die beruhigend wirken und Traumen klären. Die Bachblüten-Notfall-Tropfen (auch Rescue oder Erste-Hilfe-Tropfen genannt) haben dieselbe Funktion. Der einzige Unterschied zwischen beiden ist, dass eine Essenz aus Kristallen und die andere aus Blüten hergestellt wird. Diese Essenzen können für alle Arten von Schock verwendet werden und dienen dazu, die Betroffenen zu beruhigen, ohne dabei eine mögliche Medikamentierung zu beeinträchtigen.

Kinder heilen

Alles, was die Kraft hat zu heilen, kann auch zerstören. Es ist äußerst wichtig, darauf zu achten, Kinder (und auch Erwachsene) nur bei alltäglichen, kleinen Beschwerden zu behandeln.
Falls Sie eine ernst zu nehmende Erkrankung haben, sollten Sie in jedem Fall einen Arzt zu Rate ziehen. Für die alltäglichen Beschwerden haben wir ein paar Edelstein-, Kristall- und Blütenessenzen aufgelistet.
Die Edelstein- und Kristallessenzen können an Stelle der Steine verwendet werden. Falls Sie Schwierigkeiten haben, einen bestimmten Kristall zu bekommen, können Sie stattdessen auch seine Essenz benutzen.

Fallbeispiel
Ein kleiner Junge mit hyperaktiven Verhaltensweisen wurde zu Sally Morningstar gebracht. Hyperaktivität ist oft eine Folge von allergischen Reaktionen auf Lebensmittelzusätze. Sie empfahl eine Diät, bei der auf Zusätze wie Farbstoffe und Konservierungsmittel verzichtet wird. Sie schlug ebenfalls vor, dass der Junge einen Ernährungsberater aufsuchen solle, und verordnete folgende Essenzen:
- *Obsidian* zur Beruhigung des Magens und der Eingeweide.
- *Schwarzer Turmalin* zur Linderung der Stresssymptome in seinem Organismus.
- *Pasionsblume* zur Beruhigung seiner Emotionen und gegen die Hyperaktivität.
- *Echinacea* zur Steigerung der Immunkräfte, da Zucker die Immunfunktion beeinträchtigt.

Die Essenzen werden in einem Glas Wasser mit löslichem Vitamin C eingenommen (in der Apotheke erhältlich), was eine allergische Reaktion sofort mildern kann. Kurz darauf war der Junge sichtlich ruhiger.
Er tendiert nach wie vor dazu, auf unnatürliche Zusätze in Lebensmitteln empfindlich zu reagieren. Ab und zu greift seine Mutter deshalb zu den Heilmitteln, die zuvor beschrieben wurden, ganz besonders nach Festen und anderen gesellschaftlichen Anlässen. Grundsätzlich ist seine Hyperaktivität jedoch durch eine natürliche und ganzheitliche Diät und eine gelegentliche Verabreichung von Edelstein- und Blütenessenzen unter Kontrolle gebracht worden.

Fallbeispiel

Damian war ein junger Mann mit einer Menge Energie, hatte jedoch keine feste Arbeitsstelle und war ziemlich frustriert, da er keine Möglichkeit fand, seine Energie auf eine befriedigende Weise auszudrücken. Auf der körperlichen Ebene manifestierte sich das in akuten Schmerzen im Kieferbereich, die so schlimm waren, dass er sich zur Korrektur seines Kiefers operieren lassen wollte (Wut und Frustration lagern sich oft im Kiefer ab). Damian musste nachts eine Gaumeneinlage tragen, um nicht mit den Zähnen zu knirschen, was er als äußerst unangenehm und irritierend empfand. Das steigerte wiederum seine Frustration und seine Wut.
Seine Mutter bat schließlich Sally Morningstar um Hilfe. Er brachte starke Zweifel zum Ausdruck, dass Edelsteine, Kristalle und besonders Blüten ihm helfen könnten. Nach einer relativ kurzen Zeitspanne gestand er jedoch, dass er völlig schmerzfrei sei. Die Behandlung konzentrierte sich

sowohl auf seine innere Frustration als auch auf die Linderung seiner Kieferschmerzen. Heute hat er eine feste Freundin, einen guten Job und ein Lächeln auf dem Gesicht. Damian bekam folgende Essenzen verabreicht:
- *Diamant,* um ihm zu helfen, seine wahre Bestimmung zu erkennen und seine Wut zu lindern.
- *Sternsaphir* hilft bei Depressionen (sie werden durch ein geringes Selbstwertgefühl ausgelöst) und fördert die Inspiration.
- *Obsidian* reinigt den Organismus von Negativität.
- *Löwenmaul* ist die wirkungsvollste Essenz bei Kieferbeschwerden
- *Wilder Hafer* hilft, seinen eigenen Weg zu finden.

Während Damian die Essenzen einnahm, hatte er keinerlei Schmerzen. Mittlerweile braucht er die Essenzen immer seltener, weil er immer zuversichtlicher wird und lernt, mit seinen Emotionen kreativer und konstruktiver umzugehen.

Tiere heilen

Falls Ihr Haustier krank ist, sollten Sie unbedingt einen Tierarzt aufsuchen und ihm die Diagnose und Behandlung der Krankheit überlassen. Sie können jedoch Kristalle und Edelsteine verwenden, um den Heilungsprozess Ihres Haustiers zu unterstützen. Das kann auf zweierlei Weise geschehen: Entweder legt man einen Kristall zu dem kranken Tier, damit dieser Gifte aus dem Körper ziehen kann oder auch die Angst verringert, die durch eine Krankheit ausgelöst wird, oder man verabreicht eine der Schwingungsessenzen.

Wenn Sie Steine verwenden, sollten Sie die Kristalle in den Korb des Tiers – zum Beispiel eines Hundes oder einer Katze – legen. Bei einem kleineren Tier platzieren Sie die Kristalle ganz nahe am Käfig. Falls es sich um Arthritis handelt, können Sie ein kleines Säckchen mit den entsprechenden Kristallen füllen und am Halsband des Tiers befestigen. Bei einer Katze ist diese Vorgehensweise nicht angebracht, sie würde sich zu sehr behindert fühlen. Am wirksamsten sind die Kristalle, wenn sie darauf programmiert wurden, Ihr Haustier zu unterstützen. Das schafft eine Verbindung zwischen dem Kristall und dem Tier. Wenn das Tier die Stelle meidet, an der Kristalle liegen, könnte das bedeuten, dass die Schwingungen zu stark sind. In diesem Fall sollten Sie die Kristalle etwas weiter entfernt platzieren. Es kann aber auch bedeuten, dass ein spezieller Stein in dieser Phase nicht geeignet ist oder dass die Heilung schon stattgefunden hat. Was auch immer der Grund sein mag, auf jeden Fall sollten Sie die Steine an einen anderen Platz legen oder ganz entfernen. Sie können sich entscheiden, ob Sie etwas anderes ausprobieren wollen oder ob Sie erst einmal abwarten und beobachten, was geschieht.
Tiere sprechen besonders gut auf Schwingungen an, dennoch sollten Sie bei allen ernsthaften Beschwerden den Tierarzt konsultieren.
Während Sie sich mit der Heilung durch Schwingungen vertraut machen, ist es ratsam, nur eine oder zwei der sehr wirkungsvollen Edelstein- und Kristallessenzen zu verwenden; diese können Sie mit einer Blütenessenz kombinieren. Da Blüten und Edelsteine sehr subtil wirken, sind auch die Ergebnisse entsprechend subtil. In seltenen Fällen verschwinden die Symptome mehr oder weniger

sofort, in den meisten Fällen dauert es jedoch einige Zeit, bis eine Veränderung des Zustands bemerkbar wird.

Seien Sie vorsichtig! Wenn Sie zu viele Kristalle verwenden oder zu viele Essenzen verabreichen, kann Ihr Tier auf Grund seiner natürlichen Sensibilität sehr heftige Reaktionen zeigen.

Es gibt Zustände, die besonders gut mit Edelstein- und Blütenmedizin behandelt werden können. Das gilt hauptsächlich für emotionale Probleme und für Verhaltensstörungen. Nehmen wir als Beispiel einen älteren, kleinen Hund, der an Arthritis leidet und auf Grund seines schlechten Zustands ziemlich unfreundlich ist. Ein Azurit hilft bei Arthritis, Jade unterstützt das angeschlagene Immunsystem und vermittelt Wohlgefühl und Bereitschaft zu Akzeptanz.

Es ist in den meisten Fällen ratsam, eine Kristallessenz mit einer Blütenessenz zu kombinieren, die die Heilqualitäten des jeweiligen Kristalls ergänzt. Wenn Sie zum Beispiel mit Ihrer Katze umziehen und sie Schwierigkeiten hat, sich einzuleben, können Sie Schwarzen Turmalin mit Walnuss kombinieren. Diese Kombination beruhigt die Katze und ermöglicht es ihr, die Umstellung leichter anzunehmen.

Kristall- und Blütenessenzen können auch eine ärztliche Behandlung ergänzen, ohne sie zu beeinträchtigen. Die einzige Ausnahme sind homöopathische Behandlungen. Bitten Sie den Homöopathen um Rat, was die Anwendung von Kristallen oder Edelsteinen während seiner Behandlung betrifft. Homöopathische Mittel wirken sehr ähnlich wie Essenzen, deshalb kann es bei einer Kombination zu entgegengesetzten Reaktionen kommen. Im Allgemeinen können Sie jedoch unterstützende Essenzen unbedenklich einsetzen. Sollte Ihr Haustier beispielsweise wegen einer Infektion in Behandlung sein, können Sie einen Moosachat verwenden, um die Infektion zu bekämpfen, Echinacea, um das Immunsystem anzukurbeln, und Olive, um den Genesungsprozess zu unterstützen. Verabreichen Sie nur diejenigen Essenzen, die am besten für den Zustand und die Persönlichkeit Ihres Tiers geeignet sind.

Kristall- und Blütenessenzen für Tiere

Edelstein/Pflanze	Beschwerde
Azurit	Bei Athritis.
Buche	Bei Intoleranz.
Calcit	Für gesunde Knochen.
Diamant	Für starke, gesunde Zähne – lassen Sie die Zähne regelmäßig untersuchen und fragen Sie einen Arzt um Rat, wenn das Tier auffällig aus dem Mund riecht.
Echinacea	Für das Immunsystem.
Eisenkraut	Für eigensinnige und leicht reizbare Tiere.
Erika/Heidekraut	Für Tiere, die zu viel Aufmerksamkeit beanspruchen.
Fluorit	Zum Stärken der Knochen und Zähne (ein paar Tropfen ins Trinkwasser).
Gauklerblume/Mimulus	Für ängstliche Tiere.
Geißblatt	Für Tiere, die eine Weile von ihren Besitzern getrennt sein müssen.
Herkhimer Diamant	Bei Krebs.
Jade	Stärkt das Immunsystem und hilft bei Nierenschwäche.
Lapislazuli	Bei Bronchial- und Halsbeschwerden.

Edelstein/Pflanze	Beschwerde
Lichtopal	Bei Augenleiden.
Magnetit	Bei Schmerzen.
Moosachat	Zur Entgiftung.
Obsidian	Bei Infektionen.
Olive	Bei Erschöpfung.
Perle	Für brütende Tiere, bei Fehlgeburten oder Spätgeburten.
Pinie	Bei nervösem Verhalten.
Rosenquarz	Zur Unterstützung bei Herzproblemen.
Schwarzer Turmalin	Bei Stress.
Sonnenröschen	Bei zitternden, ängstlichen Tieren.
Stechpalme	Für Tiere mit heftigem Temperament – fördert freundliches Verhalten.
Sternsaphir	Bei Depressionen – hebt die Stimmung.
Ulme	Fördert das Durchhaltevermögen.
Walnuss	Zur Beruhigung in Zeiten der Veränderung.
Weide	Für unsoziale Tiere (zum Beispiel bei Bissigkeit).
Edelstein-Schockkombination	Zur Beruhigung bei Schock, Trauma, oder Unfällen.
Notfall-Tropfen	Zur Beruhigung nach Unfällen,

Die Dosis für große Tiere wie Pferde und große Hunde ist dieselbe wie für Erwachsene. Für kleine Tiere wie Katzen, Meerschweinchen und kleine Hunde nehmen Sie die Hälfte der Erwachsenendosis.

Vögeln, Geflügel und Nagetieren geben Sie die halbe Erwachsenendosis ins Trinkwasser, das täglich erneuert werden sollte.

Bitte beachten Sie, dass eine Veränderung im Verhalten Ihres Haustiers eine Erkrankung anzeigen kann. Beobachten Sie das Tier genau, und suchen Sie einen Arzt auf, falls Sie ernstlich besorgt sind.

Fallbeispiel

Roly, ein Chinchilla, erlitt an einem warmen Sommertag einen schweren Schock, als er in seinem Käfig im Freien stand. Der Nachbarshund drang in den Garten ein und stürzte sich auf den Käfig. Als die Besitzerin den Aufruhr hörte, rannte sie aus dem Haus und sah den umgeworfenen Käfig. Der Chinchilla starrte sie mit glasigen Augen an und atmete schwer (eine unmittelbare Schockreaktion). Da sie persönlich mit Sally Morningstar befreundet war, rief sie sie sofort an.

Sally Morningstar empfahl der Besitzerin, umgehend den Tierarzt zu verständigen. In der Zwischenzeit sollte sie Roly eine Essenz für Schockzustände geben. Sie hatte eine Notfallessenz zu Hause, die sie Roly mit einer Pipette verabreichte. Sie sollte den Käfig an einen sicheren, ruhigen Platz stellen und ihn warm halten (nicht zu warm). So hatte Roly die Möglichkeit, sich an einem sicheren Ort von der traumatischen Erfahrung zu erholen.

Wenn ein Tier oft auf den Arm genommen wird, ist es im Falle eines Schocks ratsam, es in ein ihm vertrautes Material einzuhüllen (zum Beispiel seine Decke). Beruhigen Sie es mit sanften Worten und lassen Sie es auf Ihrem Schoß Zuflucht finden. Schock kann zu gesundheitlichen Schäden führen, deshalb sollten Sie auf jeden Fall einen Arzt aufsuchen.

Beobachten Sie Ihr Haustier genau. Falls Sie sich ernstlich Sorgen machen, wenden Sie sich zuerst an einen Arzt, bevor Sie selbst etwas unternehmen. Danach können Sie eine Essenz verwenden, die in Stresssituationen hilfreich ist. Im Notfall können Sie die Essenz direkt in die Pfoten, in die Ohren oder in die Haut des Tieres einmassieren. Traumatisieren Sie das Tier nicht noch mehr, indem Sie versuchen, das Maul zu öffnen, um die Essenz einzuflößen. Sally Morningstar hat bei der Behandlung ihrer Tiere festgestellt, dass jede Kristallessenz für Schockzustände noch wirkungsvoller ist, wenn sie in Kombination mit der Blütenessenz »Star of Bethlehem« verabreicht wird.

Selbstheilung

Der Begriff »Selbstheilung« umfasst ein weites Feld. Dr. Edward Bach erklärte vor über fünfzig Jahren, dass Krankheiten ausnahmslos heilbar seien – sie seien weder Strafe noch Grausamkeit unseres Schicksals, sondern lediglich Zeichen unserer Seele, die uns auf unsere Verirrungen aufmerksam machen. Wir hätten dadurch die Möglichkeit, wieder auf den Weg der Wahrheit und des Lichts zurückzufinden, von dem wir niemals hätten abweichen sollen.
Selbstheilung bedeutet hauptsächlich, Lektionen zu lernen, damit Sie ein besserer, weiserer Mensch werden können. Um bewusster und damit glücklicher und erfüllter zu leben, müssen Sie sich selbst gegenüber vollkommen ehrlich sein. Solange Sie sich Ihre Schwächen nicht eingestehen, können Sie diese auch nicht in Stärken verwandeln. Jeder Anteil Ihres Wesens, den Sie nicht mögen oder den Sie als negativ empfinden, kann in etwas Schönes und Positives verwandelt werden. Betrachten Sie Ihre

»negativen« Charaktereigenschaften nicht als schlecht – sehen Sie sie als Möglichkeiten zu lernen. Das ist die eigentliche Bedeutung unserer Schwächen und unserer Auseinandersetzung mit ihnen. Kristalle können Sie nicht verändern, aber sie können Ihnen helfen, sich selbst zu verändern.

Wenn ein Kristall Ihnen seine Weisheit schenken soll, sollten Sie offen für Veränderungen sein. Man kann das Wissen, das in einem natürlichen, harmonisch schwingenden Kristall enthalten ist, nur dann aufnehmen, wenn man selbst natürlich und harmonisch schwingt. Das können Sie nur erreichen, indem Sie selbst die Verantwortung für Ihre Gesundheit übernehmen. Kristalle sind nicht in der Lage zu heilen. Sie dienen lediglich als Katalysatoren für Heilung und Veränderung. Krankheiten sind ein Signal des Körpers, dass das gesamte System nicht im Gleichgewicht ist. Ein Teil schwingt disharmonisch. Es geht darum zu lernen, wie man diesen Anteil wieder ins Gleichgewicht bringt. Viele gesundheitliche Probleme entstehen durch negatives Denken, emotionales Ungleichgewicht und falsche Ernährung. Behandelte Lebensmittel, chemische Zusätze, künstliche Süßstoffe, raffinierter Zucker und genetisch veränderte Lebensmittel sind äußerst ungesund. Wenn Sie wollen, dass Ihre Schwingung sich derjenigen der Kristalle angleicht, müssen Sie Ihren Körper wie einen Tempel behandeln. Nehmen Sie natürliche, ohne chemische Spritz- und Düngemittel angebaute Nahrung zu sich, und meditieren Sie regelmäßig, um Ihren Geist von negativen Gedanken zu reinigen und sich emotional ins Gleichgewicht zu bringen. Die alten Kulturen dieser Welt wussten um die Weisheit der Kristalle. Unsere Vorfahren lebten weitaus natürlicher als wir modernen Menschen. Deshalb ist es notwendig, uns an Ihrer Lebens- und Ernährungsweise zu orientieren, wenn wir uns die Weisheit der Kristalle zu Nutze machen wollen.

Kristalle und Chakren

Wie Sie bereits gesehen haben, zeigen die Farben der Edelsteine und Kristalle die Verbindung mit den jeweiligen Chakren und Körperfunktionen an. Wählen Sie für Ihr persönliches Chakraset sieben Steine aus der folgenden Tabelle aus. Wählen Sie Steine, von denen Sie sich intuitiv angezogen fühlen, oder pendeln Sie sie aus (siehe Seite 82 bis 85).
Falls Sie einen bestimmten Stein nicht bekommen können, programmieren Sie einen Bergkristall mit den Eigenschaften des empfohlenen Steins.

Die Chakrasteine

Rote Steine für das Wurzel-Chakra

Hämatit	Bei Menstruationsbeschwerden und Blutkrankheiten (Anämie).
Roter Jaspis	Energetisierend und erdend.
Rubin	Verbessert den Energiefluss zwischen Ober- und Unterleib; fördert Mitgefühle und Liebe.
Granat	Stärkt das Durchhaltevermögen; verbessert Beziehungen
Blutstein	Bei Magen- und Verdauungsproblemen; verbindet das Physische mit dem Spirituellen.
Manganspat	Stärkt den Selbstwert; hilfreich bei besitzergreifendem Verhalten und Unsicherheit.

Orangefarbene Steine für das Sakral-Chakra

Karneol	Beruhigt bei emotionalem Stress; regt die Sexualität an.
Calcit	Bringt Gefühle und Intellekt ins Gleichgewicht; unterstützt die Nierenfunktion.
Bernstein	Verbessert das Gedächtnis; schützt vor Erkrankungen der Bronchien.

Gelbe Steine für das Solarplexus-Chakra

Citrin	Wirkt ausgleichend bei mentalen Problemen.
Gelber Jaspis	Stärkt das Immunsystem.
Chrysolith	Bringt Optimismus und spirituelle Inspiration.

Grüne Steine für das Herz-Chakra

Smaragd	Fördert liebevolle und harmonische Gefühle; verbessert die Sehkraft.
Grüner Turmalin	Stärkt Thymusdrüse und Immunität; wirkt ausgleichend auf das Herz.
Peridot	Entgiftet die Emotionen.
Malachit	Hilfreich, um alte emotionale Muster aufzulösen; fördert die Fruchtbarkeit.
Amazonit	Fördert die Fähigkeit, Gesundheit, Reichtum und Freude anzuziehen.
Rosenquarz	Öffnet das Herz für die Liebe (obwohl rosa, ist er ein wichtiger Herzstein).

Hellblaue Steine für das Hals-Chakra

Aquamarin	Bei Halsbeschwerden; fördert den Ausdruck von Gefühlen und die emotionale Sensibilität.
Celestit	Inspiriert den Geist; ermöglicht es, Träume aus höheren Ebenen abzurufen.
Türkis	Schützt vor Negativität; verbessert die Selbstheilungskräfte des Körpers; unterstützt die Mitteilung der eigenen Wahrheit.

Indigofarbene (dunkelblaue) Steine für das Stirn-Chakra

Azurit	Erhöht das Energielevel, indem er die wahre Bestimmung eines Menschen deutlich werden lässt.
Lapislazuli	Fördert Verständnis, vertieft die Meditation.
Saphir	Erweitert die intuitiven Fähigkeiten; verbindet mit dem Unterbewusstsein; vertieft die spirituelle Hingabe.
Sodalith	Regt die Schilddrüsenfunktion an; bringt Geist und Emotionen in Einklang.

Violette Steine für das Scheitel-Chakra

Amethyst	Ein Allheilmittel in Verbindung mit Meditation; beruhigt den Geist; lindert Angstzustände; fördert den Schlaf und die Erinnerung an Träume.
Fluorit	Verbessert die Knochenstruktur; unterstützt die Verbindung der feinstofflichen mit dem physischen Körper.
Sugilith	Unterstützt Integration und Harmonie.

Die folgende Tabelle zeigt Ihnen, welche Kristalle mit welchen Chakren in Resonanz stehen, sowie die Körperfunktionen, denen sie zugeordnet sind, ebenso den allgemeinen Einfluss, den jedes Chakra auf Körper, Geist und Seele hat.

Farbe/Chakra/Körperfunktion/Wirkung

Farbe des Kristalls	Chakra	Körperfunktion	Wirkung
Rot	Wurzel-Chakra	Fortpflanzung	Überleben, Ego, Lebenskraft, Vertrauen.

Farbe des Kristalls	Chakra	Körperfunktion	Wirkung
Orange	Sakral-Chakra	Urogenitalbereich	Sexualität, Intuition, Fruchtbarkeit, Fortpflanzung, Blase und Nieren.
Gelb	Solarplexus-Chakra	Verdauung	Magen und Verdauung, Stress, Emotionen, Willenskraft, Lebensenergie.
Grün	Herz-Chakra	Kreislauf	Immunität, Blutdruck, Kreislauf, Liebe, Mitgefühl, Heilung.
Hellblau	Hals-Chakra	Atmung	Gehör, Schultern, oberer Bronchialtrakt, Lymphsystem, Schilddrüse, Kommunikation, Kreativität, Gedächtnis.
Indigo	Stirn-Chakra	Autonomes Nervensystem	Augen, Hirnanhangsdrüse, geistige und emotionale Balance.
Violett	Scheitel-Chakra	Zentrales Nervensystem	Spiritualität, geistige Klarheit, Schlafqualität, Bewusstsein, Nerven.

Wie Sie sehen, hat jedes Chakra Verbindung zu bestimmten Körperzonen und ist dafür verantwortlich, die jeweiligen Organe oder Funktionsbereiche mit Energie zu versorgen. Licht (eine Energieform) tritt durch das Scheitel-Chakra in unseren Körper ein. Die Zirbeldrüse wandelt das Licht in menschliche Energie um und ist unter anderem zuständig für das körperliche Tag- und Nachtempfinden.

Die sieben Chakren absorbieren jeweils verschiedene Schwingungen von Licht, die sich als die sieben Farben des Regenbogens manifestieren. Licht in seiner reinen Form berührt die Schwingung eines menschlichen Organismus ein paar Zentimeter über dem Scheitel-Chakra. Dieses Chakra entspricht dem spirituellen Licht und wird vom Diamanten repräsentiert. Die menschliche Gestalt wirkt wie ein Kristallprisma. Das weiße Licht bricht sich über dem Scheitel und teilt sich in die sieben Farben des Regenbogens auf. Das jeweilige Licht wird von dem zugehörigen Chakra absorbiert und nährt und energetisiert dieses.

Man kann den menschlichen Körper mit einem Kristall vergleichen, der vor einem Fenster aufgehängt ist. Er kreiert Regenbögen tanzenden Lichts, sobald die Sonne hindurchscheint. Die folgende Tabelle dient als schnelle Nachschlaghilfe bei der Arbeit mit Chakren und Kristallen.

Sitz des Chakras/Farbe/Kristalle

Erstes Chakra

Basis – verbunden mit: Ego, Identität, weltliches Leben, materielle Angelegenheiten

Sitz	Zwischen den Beinen, an der Basis der Wirbelsäule.
Sanskrit-Name	Muladhara (Wurzel).
Farbassoziation	Rot.
Zugeordnete Steine	Blutstein, Granat, Hämatit, Roter Jaspis, Manganspat, Rubin, Rauchquarz.

Zweites Chakra

Hara – verbunden mit: Instinkt, Intuition, Sexualität (»die Höhle des Schamanen«)

Sitz	Unterhalb des Bauchnabels, auf einer Linie mit der Wirbelsäule.
Sanskrit-Name	Svadhisthana (sein eigener Platz).
Farbassoziation	Orange.
Zugeordnete Steine	Bernstein, Karneol, orangefarbener Calcit.

Drittes Chakra

Solarplexus – verbunden mit: Willen, Entschlossenheit, Disziplin, rohe Emotionen

Sitz	Magengegend, unter dem Sternum (Brustknochen), auf einer Linie mit der Wirbelsäule.
Sanskrit-Name	Manipura (Stadt der Juwelen).
Farbassoziation	Gelb.
Zugeordnete Steine	Citrin, Chrysolith, Topas (blass), Gelber Jaspis.

Viertes Chakra

Herz – verbunden mit: Liebe, Harmonie, Mitgefühl, Heilung

Sitz	Brustgegend, etwa eine Hand breit unter der Kehle, auf einer Linie mit der Wirbelsäule.

Sanskrit-Name	Anahata (noch nicht materialisierter Klang).
Farbassoziation	Grün.
Zugeordnete Steine	Amazonit, Smaragd, Grüner Turmalin, Malachit, Peridot, (auch der Rosenquarz ist ein starker Herzstein).

Fünftes Chakra

Kehle – verbunden mit: Kommunikation, Selbstausdruck, Kreativität, Hellhörigkeit

Sitz	Ansatz des Halses, an der Wirbelsäule.
Sanskrit-Name	Vishuddha (mit Reinheit).
Farbassoziation	Hellblau.
Zugeordnete Steine	Aquamarin, Celestit, Türkis.

Sechstes Chakra

Drittes Auge – verbunden mit: Wahrnehmung, Innenschau, Gedankengängen, Hellsichtigkeit

Sitz	Zentrum der Stirn, zwischen den Augenbrauen, auf einer Linie mit der Wirbelsäule.
Sanskrit-Name	Ajna (Kontrollzentrum).
Farbassoziation	Dunkelblau/Indigo.
Zugehörige Steine	Azurith, Blauer Saphir, Lapislazuli, Sodalith.

Siebtes Chakra

Scheitel/Krone – verbunden mit: Spiritualität, Weisheit, Verständnis

Sitz	Oben auf der Mitte des Kopfes, auf einer Linie mit der Wirbelsäule.
Sanskrit-Name	Sahasrara (Tausendblättriger Lotus).
Farbassoziation	Violett.
Zugeordnete Steine	Amethyst, Fluorit, Sugilith, (Bergkristall und Herkhimer Diamant können ebenfalls für dieses Chakra verwendet werden).

Harmonisierung und Aktivierung der sieben Chakren

Um alle sieben Chakren in Balance zu bringen und sich wieder erfrischt und vital zu fühlen, brauchen Sie einen ruhigen Platz mit einer warmen Atmosphäre. Sie benötigen zwanzig Minuten ungestörte Ruhe.

Sie brauchen:

*Sieben Kristalle
(rot, orangefarben, gelb,
grün, blau, indigo und violett)
für die sieben Chakren
Einen Rauchquarz
Ein Kissen*

- Legen Sie sich hin, mit einem Kissen unter dem Nacken, um Ihren Kopf zu stützen. Platzieren Sie den Rauchquarz unterhalb Ihrer Füße, und achten Sie darauf, dass die Kristallspitzen von Ihnen wegzeigen. Atmen Sie ein paar Mal tief ein und aus, und beruhigen Sie sich mit der »Friedensatmung« (wie auf Seite 76 beschrieben). Stellen Sie sich vor, dass Sie in ein liebevolles Universum eingebettet sind – sicher, friedlich und ruhig.
- Beginnen Sie mit dem Wurzel-Chakra. Legen Sie den roten Stein auf das Schambein, und stellen Sie sich vor, wie Sie von Stabilität und Vertrauen umgeben sind.
- Nun legen Sie den orangefarbenen Stein unterhalb des Bauchnabels auf den Unterleib und visualisieren die Qualitäten, Sensibilität, Leichtigkeit und sexuelle Lebendigkeit.
- Platzieren Sie den gelben Stein auf den Solarplexus, und stellen Sie sich vor, wie Wärme, Mut und Vitalität durch Sie hindurchfließen.

- Legen Sie den grünen Stein auf das Herz-Chakra, das sich in der Mitte Ihrer Brust befindet, und bitten Sie um Liebe, Mitgefühl und Heilung.
- Legen Sie den hellblauen Stein in die Einbuchtung an Ihrem Hals – dort befindet sich das Hals-Chakra – und bitten Sie um Wahrheit, Integrität und klare Kommunikation.
- Platzieren Sie den dunkelblauen Stein auf das Stirn-Chakra, das sich zwischen den Augenbrauen in der Mitte der Stirn befindet. Bitten Sie dabei um Klarheit, Einsicht und unverfälschte Wahrnehmung.
- Nun legen Sie den violetten Stein oder einen Bergkristall über der Mitte Ihres Kopfes, dem Sitz des Scheitel-Chakras, auf den Boden. Die Kristallspitzen sollten in Ihre Richtung zeigen. Denken Sie dabei an Weisheit, Verständnis und Spiritualität.
- Schließen Sie die Augen, und lassen Sie die sieben Steine etwa zehn Minuten lang an ihrem Platz liegen. Sie sollten jedoch zwanzig Minuten nicht überschreiten. Das gibt den Kristallen genug Zeit, um ihre Wirkung zu entfalten.
- Nun entfernen Sie einen Stein nach dem anderen. Beginnen Sie oben am Scheitel-Chakra. Legen Sie die Steine an Ihre Seite, strecken Sie sich, bewegen Sie Ihre Glieder, und stehen Sie langsam auf. Zum Schluss entfernen Sie den Rauchquarz zu Ihren Füßen.
- Falls sich ein Schwindelgefühl eingestellt, entfernen Sie die Kristalle und reiben die Knie, Gelenke und Füße. Stehen Sie auf und strecken Sie sich vorsichtig. Essen und Trinken (alkoholfrei) erdet die abgehobenen Energien.

Kristalle und Emotionen

Wie bereits erwähnt, ist das Solarplexus-Chakra der Sitz der Emotionen. Sein Sanskrit-Name »Manipura« bedeutet »Stadt der Juwelen«. Wenn Sie Ihr Solarplexus-Chakra ins Gleichgewicht bringen, können Sie Ihre Emotionen klarer ausdrücken und sie wie ein klarer Kristall reflektieren. Sollten Sie ein aufbrausendes Temperament haben, dann machen Sie sich die kühlenden Qualitäten folgender Steine zu Nutze: Aquamarin, Aventurin, Blaubandachat, Mondstein, Onyx oder Rosenquarz.

Falls Sie Probleme haben, Ihre Gefühle auszudrücken, oder meinen, dass Sie blockiert sind, wählen Sie einen der folgenden Steine: Bernstein, Granat, Kunzit, Lapislazuli, Perle, Manganspat oder Wassermelonen-Turmalin.

Sollten Sie zu Depressionen neigen oder emotional sehr beansprucht sein und der Unterstützung bedürfen, dann verwenden Sie einen der folgenden Steine: Rosa Calcit, Citrin, Jade, Roter Jaspis, Lepidolith, Peridot, Rhodonit, Rubin oder Sternsaphir.

Es gibt verschiedene Wege, wie Sie mit Ihren Kristallen arbeiten können. Zuerst müssen sie jedoch gereinigt (siehe Seite 67) und programmiert (siehe Seite 71 bis 77) werden. Sie können die Steine bei sich tragen oder eine Kristallessenz herstellen (siehe Seite 62) und das aufgeladene Wasser trinken. Möglicherweise wollen Sie Ihren Kristall während der Meditation in der Hand halten oder einfach nur seine Mitteilung empfangen. Sie können ihn auch während des Schlafens unter Ihr Kopfkissen legen. All dies sind gute Möglichkeiten, um die Heilwirkung der Kristalle aufzunehmen.

Weissagen mit Kristallen

Entwicklung der Intuition

Um Ihre Sensibilität für subtile Kristallschwingungen zu erhöhen, sollten Sie Ihre intuitiven Fähigkeiten entwickeln! Das können Sie mit Hilfe von Meditation, Visualisierung, Kristallsehen und Pendeln. Meditation verbessert die Empfänglichkeit, bringt Körper und Geist ins Gleichgewicht und erdet Sie. Das ist für die Entwicklung Ihrer intuitiven Fähigkeiten sehr wichtig. Das Visualisieren verbessert die Konzentration und Sammlung und gewährleistet, dass der Geist seine Klarheit aufrechterhält. Pendeln kann ebenfalls zur Weissagung eingesetzt werden. Es ist ratsam, sich ein zusätzliches Pendelset zuzulegen, das nur zu diesem Zweck benutzt wird. Verwenden Sie auch Ihr Heilpendel nur zum Heilen, damit die Energie darin zentriert bleibt.

Die »Diamant-Augen-Übung«, die unten beschrieben ist, eignet sich besonders gut, um das Dritte Auge zu öffnen und die Innenschau zu verbessern. Auch die Magie des Mondes (siehe Seite 131) kann Ihre Entwicklung unterstützen.

Die Diamant-Augen-Übung

Leiten Sie jede intuitive Arbeit mit dieser Übung ein, dann gewinnt sie an Kraft.
- Sitzen oder stehen Sie in bequemer Haltung. Ihre Füße sind schulterbreit voneinander entfernt und berühren

fest den Boden; Ihre Arme liegen an Ihren Seiten an, und Ihre Knie sind leicht gebeugt. Atmen Sie ein paar Mal tief, lassen Sie Ihr Gewicht nach unten sinken, und fühlen Sie Ihre Verbundenheit mit der Erde.
- Während Sie einatmen, heben Sie Ihre Arme, so dass sich Ihre Hände auf Augenhöhe befinden. Fügen Sie beide Zeige-, Mittel- und Ringfinger sowie auch Ihre Daumen an den Spitzen zusammen (siehe Abbildung). Bewegen Sie Ihre Daumen abwärts, so dass Ihre Finger die Form eines Diamanten anzeigen. Halten Sie diese Position auf Augenhöhe.
- Entspannen Sie Ihre Augen, so dass Sie leicht verschwommen sehen. Schauen Sie mit Ihren physischen Augen geradeaus, während Sie ein Auge in der Mitte Ihrer Stirn visualisieren, das durch das Zentrum des Diamants hindurchblickt.
- Atmen Sie tief ein und aus. Fühlen Sie, wie sich Energie in in Ihnen aufbaut.
- Üben Sie dies maximal fünf Minuten lang.

Die Diamant-Augen-Übung

Wie man Kristalle zum Wahrsagen verwendet

Kristallsehen

Kristallsehen verbessert die Wahrnehmung, öffnet das Dritte Auge (intuitiver Bereich) und macht Sie mit der Welt der Symbole, Bilder und Farben, die beim Hellsehen eine große Rolle spielen, bekannt. Sie benötigen:

Einen klaren Kristall oder eine Glasschüssel
Ein mattes, schwarzes Stück Baumwolle
Tisch und Stuhl
Eine Flasche mit reinem destilliertem Wasser
Ein Stück Bernstein (vorzugsweise hellen Bernstein)
oder ein Stück Magnetit
Etwas Seide oder wollenes Material

- Der Raum sollte nur schwach beleuchtet und frei von störenden Geräuschen sein, und Sie sollten eine Weile zuvor nichts gegessen haben.
- Stellen Sie die Glasschüssel auf den Tisch, der mit dem schwarzen Tuch bedeckt ist, und füllen Sie sie dreiviertel voll mit destilliertem Wasser.
- Reiben Sie den Bernstein mit Seide oder wollenem Material, um ihn statisch zu machen, und platzieren Sie den Stein in die Mitte der Glasschüssel.
- Lassen Sie das Ganze fünf Minuten lang stehen, rühren Sie vorsichtig um und lassen Sie es dann ruhen. Bernstein besitzt elektromagnetische Qualitäten, die das Wasser mit geladenen Partikeln energetisieren. Das unterstützt die intuitive Wahrnehmung.
- Setzen Sie sich so vor die Schüssel, dass Sie in das Wasser blicken können, ohne sich dabei anzustrengen. Machen Sie die Diamant-Augen-Übung (siehe Seite

108 bis 109). Schauen Sie ruhig in das Wasser, ohne etwas zu erwarten. Machen Sie die Übung als Anfänger nicht länger als fünf Minuten täglich. Steigern Sie die Dauer der Übung langsam auf eine halbe Stunde.
- Mit viel Geduld werden Sie eines Tages Bilder im Wasser wahrnehmen können. Sollte Sie das Erstaunen über die ungewohnten Bilder aus Ihrem meditativen Zustand herausbringen, beenden Sie die Übung und versuchen es an einem anderen Tag erneut. Seien Sie geduldig. Vielleicht erzielen Sie schon nach drei oder vier Sitzungen ein Ergebnis. Im Allgemeinen zeigen sich jedoch erst dann Resultate, wenn man das Kristallsehen mindestens einen Monat lang einmal täglich praktiziert hat. Die beste Zeit dafür ist die Dämmerung bei zunehmendem Mond (zunehmend bis voll). Sie können auch zu anderen Tageszeiten üben, vorausgesetzt, der Raum ist halbdunkel.
- Nach der Übung nehmen Sie den Bernstein heraus, entfernen das schwarze Tuch unter der Schüssel und bedecken diese, so dass kein Licht in das Wasser dringen kann. Stellen Sie die Schüssel bis zum nächsten Mal in einen dunklen Schrank oder in eine Kammer.
- Wenn möglich, sollte die nächste Sitzung zur selben Zeit, am selben Ort und unter denselben Bedingungen stattfinden.
- Wenn Sie das »Wassersehen« endgültig beenden wollen, schütten Sie den Inhalt nach Sonnenuntergang draußen auf die Erde und danken den Wasser- und Kristallgeistern für Ihre Unterstützung. Das klingt vielleicht unwichtig, doch je mehr Respekt Sie Ihren intuitiven Helfern erweisen, desto mehr wird sich Ihre Sensibilität entwickeln.

Wahrsagen mit Kristallkugeln

Die Kristallkugel wird schon seit Jahrtausenden zum Wahrsagen verwendet. Die dafür am besten geeigneten Kristalle sind Beryll, Monterey-Kristall und Aquamarin. Kugeln aus diesen Kristallen sind relativ teuer, deshalb empfehlen wir Ihnen, es zuerst mit der oben beschriebenen Übung zu versuchen, damit Sie feststellen können, ob das Wahrsagen mit Kristallkugeln Ihnen überhaupt liegt. Mit Geduld und Ausdauer kann es Ihnen dabei helfen, Hellsichtigkeit und intuitive Fähigkeiten zu entwickeln. Sie brauchen:

Ein mattes, schwarzes Tuch
Eine Kristallkugel
Tisch und Stuhl

- Der Raum sollte ruhig, friedlich und dämmerig sein. Sorgen Sie dafür, dass Sie während der Übung nicht gestört werden.
- Breiten Sie das schwarze Tuch aus und platzieren Sie die Kristallkugel so darauf, dass diese sicher steht. Setzen Sie sich vor die Kugel, mit dem Rücken zur Lichtquelle des Raumes. Lehnen Sie sich vor, und blicken Sie in den Kristall. Auch hierbei brauchen Sie Geduld, bevor sich Resultate zeigen. Sie können mit der Diamant-Augen-Übung beginnen (siehe Seite 108 bis 109), bevor Sie in die Kugel schauen.
- Üben Sie am Anfang nicht länger als fünf Minuten. Nach einer Weile werden Sie in der Lage sein, sich längere Zeit ohne Anstrengung zu konzentrieren, bis Sie bequem eine halbe Stunde in diesem Zustand zubringen können.
- Nach einer Weile werden Sie bemerken, wie der Kris-

tall trübe wird und sich eine Art Nebel in ihm bewegt. Der Nebel wird wieder verschwinden, und farbige Lichter werden erscheinen. Diese Lichter sind Manifestationen geistiger Energie.
- Sollten Sie aus irgendeinem Grund den meditativen Zustand nicht aufrechterhalten können, hören Sie auf und versuchen es 24 Stunden später wieder.
- Um Ihre Sitzung zu beenden, wickeln Sie die Kristallkugel in das schwarze Tuch ein und stellen sie an einen sicheren, ruhigen Ort.

Die Farben, die in der Kristallkugel auftauchen, haben verschiedene Bedeutungen und geben Auskunft über ein spezielles Thema Ihres Lebens oder über das Leben einer anderen Person. Solange Sie sich nicht wirklich mit den Farben und deren Bedeutungsgehalt auskennen, sollten Sie diese Übung nicht allzu ernst nehmen. Notieren Sie sich die Farben, die erscheinen, und warten Sie ab, ob in Ihrem Leben etwas geschieht, das mit der jeweiligen Farbe in Verbindung steht. Mit genügend Übung werden Sie Ihren persönlichen Farbcode herausfinden und verstehen lernen, was der Kristall Ihnen dadurch mitteilen möchte. Üblicherweise zeigen aufsteigende Farben im Kristall etwas Positives, absteigende Farben dagegen etwas Negatives an.
Im Allgemeinen werden die Farben folgendermaßen interpretiert:

Weiß – ein positives Ergebnis ist zu erwarten.
Schwarz – eine Gelegenheit, etwas zu lernen, wird sich bieten.
Grün – Sie können optimistisch und hoffnungsvoll sein.

Rot – seien Sie vorsichtig; eine Warnung.
Gelb – Sie können mit Neid und Eifersucht konfrontiert werden.
Rosa – Liebe und harmonische Ergebnisse sind zu erwarten.
Blau – Ihre Gesundheit wird sich verbessern; passen Sie mehr auf sich auf; seien Sie geduldig.
Orange – Seien Sie entschlossen; Sie werden Energie brauchen.
Violett – die Geister unterstützen Sie; Sie sind nicht allein.

Wahrsagen mit dem Pendel

Wählen Sie intuitiv ein Pendel aus, das Sie ausschließlich zum Wahrsagen verwenden werden. Das Pendel kann aus Kristall, Metall oder Holz bestehen, es kann auch eine kleine Figur sein oder eine andere Form haben, so lange diese an einer kurzen Metallkette befestigt ist (oder an einer Seidenschnur).

Bevor Sie mit dem Wahrsagen beginnen, sollten Sie Ihr Pendel um Antworten auf folgende Fragen bitten:
1. Bin ich in der richtigen Stimmung, um eine Frage zu stellen?
2. Gibt das Pendel mir die Erlaubnis, eine Frage zu stellen?
3. Kann ich die Antwort auf meine Frage annehmen?

Wenn Ihr Pendel positiv antwortet, können Sie Ihre Frage stellen. Achten Sie darauf, Ihr Pendel nicht allzu oft zu benützen, denn diese Art der Weissagung kann leicht zur Sucht werden. Beschränken Sie sich auf die wirklich wichtigen Fragen, und vergessen Sie nicht, dass es Energien gibt, die gerne mit unseren spirituellen Werkzeugen spielen. Deshalb sollten Sie die Ergebnisse nicht allzu ernst nehmen, bis Sie mit dem unterschiedlichen energetischen Qualitäten vertraut sind, die durch Sie oder Ihre Werkzeuge fließen.

So sollten Sie Ihr Pendel befragen:
- Seien Sie sich über Ihre Frage im Klaren und wiederholen Sie diese im Geiste dreimal.
- Warten Sie, bis das Pendel antwortet, und passen Sie auf, dass Sie es nicht beeinflussen. Um das zu vermeiden, können Sie Ihren Geist mit dem Satz »Wie wird die Antwort wohl lauten?«, beschäftigen.
- Notieren Sie sich die Antwort, damit Sie später nachprüfen können, ob die Information richtig oder falsch war. Verlier n Sie nicht den Mut, wenn sich herausstellt, dass das Pendel meist unkorrekte Antworten gibt. Es dauert eine Weile bis Sie genug Erfahrung gesammelt haben. Übung macht den Meister!

Mehr Informationen über das Pendeln finden Sie auf Seite 82 bis 85.

Schamanismus, Magie und Zauber

Schamanen

Schamanen und Heiler auf der ganzen Welt haben tiefen Respekt vor Kristallen und Steinen. Sie gehören zu den ältesten Objekten auf diesem Planeten, es gibt sie seit Millionen von Jahren. Schamanen glauben, dass Kristalle sich nicht nur an ihre Vergangenheit erinnern, sondern dass jeder Kristall seinen eigenen geistigen Wächter hat, eine Energie, die all sein Wissen, seine Erfahrungen und seine Weisheit speichert. Schamanen glauben auch, dass Steine und Kristalle ein Schicksal oder einen Lebensweg haben, ähnlich wie wir. Somit ist es sehr bedeutsam, wenn Ihr Weg den eines Kristalls kreuzt.
Die meisten Schamanen besitzen einen persönlichen Heilstein, den sie in ihren Heilzeremonien verwenden. Dabei kann es sich um einen gewöhnlichen Stein oder um einen Kristall von besonderer Schönheit handeln. Der Schamane hat auf jeden Fall eine Geschichte zu erzählen, wie sich ihre Wege gekreuzt haben. Er hat gelernt, auf die Weisheit des Kristallwächters zu hören, und bittet diesen in Notfällen um Hilfe. Er verwendet den Kristall auf verschiedene Art und Weise. Er kann ihn als Verstärker für seine eigene Heilenergie benutzen, zum Beispiel um eine Krankheit aus einem Patienten zu ziehen. Danach reinigt er den Kristall natürlich mit Salz, Räucherwerk oder fließendem Wasser. Er verwendet seinen Kristall auch zum Wahrsagen.

Sollten Sie einen Schamanen fragen, woher er weiß, wie er seinen Stein einsetzen soll, wird er Ihnen wahrscheinlich sagen, dass der Kristall selbst es ihn hat wissen lassen. Es ist bekannt, dass Schamanen in einem tranceähnlichen Zustand zu anderen Welten reisen können, um dort Einsicht und Weisheit zu erlangen. Wenn ein Schamane auf einen Kristall trifft, den er anziehend findet, kann er sich ebenfalls in Trance begeben, um den Grund des Zusammentreffens herauszufinden. Der Schamane passt hierzu seine mentale Schwingung der des Kristalls an, so dass beide miteinander kommunizieren können.

Ganz allgemein geht es darum, zu lernen, sich an andere Schwingungen anzupassen, denn dadurch kann man von allen Wesen Weisheit empfangen.

Schamanen sind Meister darin, sich auf die unterschiedlichsten Schwingungen einzustimmen. Ein hoch entwickelter Schamane kann sich auf alles einstimmen, was ihm ermöglicht, mit Tieren, Pflanzen, Bäumen und Kristallen zu kommunizieren. Die Natur lehrt den Schamanen Balance, da sie immer nach Harmonie und Gleichgewicht strebt. Wenn Sie mit Dingen kommunizieren, die eine harmonische Schwingung haben, beispielsweise mit Kristallen, dann können Sie diese Harmonie in Ihr Leben bringen.

Jeder Mensch kann eine Beziehung mit einem Kristall aufnehmen. Wenn Sie eine intuitive Reise unternehmen, um den Wächter des Kristalls zu treffen (siehe Seite 74 bis 75), können Sie mit ihm sprechen und Informationen erhalten, die für die Arbeit mit diesem Kristall sehr wichtig sind.

Heilwerkzeuge

Viele Heiler beschäftigen sich seit Jahrtausenden mit den magischen Heilqualitäten von Kristallen, Metallen, Holz, Blumen und Farben, um daraus ihre individuellen Werkzeuge zu gestalten. Man vermutet, dass die Bevölkerung von Atlantis Kristallwerkzeuge und Körperschmuck verwendete, um ihre Kraft zu steigern, und auch die nordamerikanischen Indianer und andere Naturvölker stellten schon lange Zeit Heilwerkzeuge aus Kristallen her.
Rudolf Steiner, Begründer der Anthroposophischen Medizin, hat sich ausgiebig mit der Kristallheilung beschäftigt. Wenn Sie wollen, können Sie sich Ihren eigenen Kristall-Zauberstab anfertigen. Diesen können Sie dann dazu verwenden, die Energie, die Sie anrufen, zu potenzieren. Vergessen Sie niemals, dass die Energie, die Sie mit Ihrem Zauberstab aussenden, niemanden verletzen darf.
Im Allgemeinen verwendet man Zauberstäbe zum Heilen oder zu magischen Zwecken. Ein Zauberstab verstärkt die heilenden oder magischen Energien, aber man kann ihn auch als meditatives Werkzeug einsetzen. Wenn Sie während der Meditation einen Zauberstab in Händen halten, können Sie Ihren Geist leichter fokussieren.
Man kann einen Zauberstab aus diversen natürlichen Materialien anfertigen. Dazu gehören Holz, Leder, Gold, Silber und Kupfer. Der einfachste Zauberstab besteht aus Holz, und das begehrteste Material ist das Haselnussholz. Die keltischen Mythen assoziieren den Haselnussbaum mit Weisheit. Auch in vielen anderen Kulturen gilt er als Symbol für spirituelle Autorität. Die beste Zeit, um einen Zauberstab zu schneiden, ist der Abend der Sommerson-

nenwende oder auch die Dämmerung eines Hochsommertages. Ebenso eignet sich jeder Tag kurz vor oder nach dem Vollmond. Wenn Sie einen Zauberstab schneiden wollen, ist es wichtig, dass Sie Ihrer Intuition folgen.
- Zuerst müssen Sie einen Baum finden, der Sie anzieht. Berühren Sie ihn und bitten Sie ihn um Erlaubnis, ein Stück von ihm für einen Zauberstab abzuschneiden. Sollte die Antwort oder das Gefühl, das in Ihnen aufkommt, positiv sein, dann ehren Sie den Baum, indem Sie ihm eine kleine Gabe darbringen.
- Die Gabe, die man im Allgemeinen auf einen Ast oder neben den Baum legt, kann aus ein wenig Tabak (bei den Indianern heilig) oder Salz (bei den Kelten heilig) bestehen. Es kann ein Kristall sein oder, falls Sie nichts anderes haben, auch eine Strähne von Ihrem Haar. Danach wählen Sie einen Ast aus und schneiden diesen vorsichtig ab.
- Schälen Sie die Rinde des Astes ab und schneiden Sie ihn auf die Länge, die Sie benötigen. Zauberstäbe können jede beliebige Länge haben, im Allgemeinen sind sie jedoch etwa 25 bis 30 Zentimeter lang.
- Befestigen Sie einen Kristall am Ende des Zauberstabes, indem Sie in das Holzende eine Einkerbung machen und den Kristall mit einem Stück Leder, Wolle, Schnur oder Kupferdraht festbinden. Kupferdraht ist am besten dafür geeignet und wurde seit seiner Entdeckung zur Herstellung von Kristallwerkzeugen verwendet. Unsere Ahnen gaben ihm dieselbe Symbolik wie den Frauen – wahrscheinlich, weil sie die Eigenschaften von Kupfer den sanften, fließenden Energien der Frauen gleichsetzten. Auf jeden Fall ist Kupfer ein guter Leiter für elektrische Energie. Das

bedeutet, dass er den Energiefluss des Benutzers zum Kristall nicht stört.
- Sie können Ihren Zauberstab gestalten, wie Sie wollen. Sie können ihn schmucklos lassen oder ihn bemalen, Symbole hineinbrennen oder hineinschnitzen oder ihn mit Federn, Bändern oder Perlen dekorieren.
- Sobald Ihr Zauberstab fertig gestellt ist, sollten Sie eine einfache Zeremonie für ihn abhalten. Den Ablauf und den Zeitpunkt der Zeremonie sollten Sie intuitiv bestimmen. Die Zeremonie sollte zu Ehren des Baumes und des Kristalls abgehalten werden, zum Dank für beider Einwilligung, Ihnen bei Ihrer Arbeit zu helfen.

Bei der Verwendung Ihres Zauberstabes sollten Sie sich von Ihrer Intuition führen lassen. Es gibt keine festen Regeln für Heilung und Magie, außer einem alten, weisen Spruch: »Solange man mit offenem, ehrlichem Herzen arbeitet, fügt man niemandem ein Leid zu.«

Zauber

Die Kunst der Zauberei wurde in alten Kulturen jahrhundertelang praktiziert. Zaubersprüche sind Affirmationen und an sich harmlos. Ausschlaggebend ist die Absicht der Person, die einen Zauberspruch benützt. Praktizierende dieser Kunst sind an einen strikten Verhaltenskodex gebunden, der sie auffordert, niemanden durch einen Zauber zu schädigen, nicht zu manipulieren und in keiner Weise zu kontrollieren oder zu dominieren. Sie müssen auch anerkennen, dass jegliche Manifestation eines Zaubers ein Geschenk ist, das uns genau das bringt, was wir brauchen, um der Erfüllung unserer Wünsche näher zu kommen.

Dieser Kodex sieht zum Beispiel vor, dass eine Person, die sich eine Liebesbeziehung wünscht, um Liebe bitten darf; sie sollte jedoch keine konkreten Partner benennen. Ein Paar darf natürlich darum bitten, dass die Beziehung mit mehr Liebe und Verständnis füreinander erfüllt wird, zumal dann, wenn sie Schwierigkeiten haben und ihre positiven Gefühle füreinander wieder beleben wollen. Falls beide darin übereinstimmen, ist dies keine Manipulation eines anderen Lebewesens.

Zaubersprüche können auf verschiedene Art artikuliert werden, man kann sie z. B. verknoten oder vergraben. Verwenden Sie Kristalle und ätherische Öle, oder kombinieren Sie die vier Elemente Erde, Luft, Feuer und Wasser.

Der beste Zeitpunkt für einen Zauber

Wenn man zu einem geeigneten Zeitpunkt und an bestimmten Wochentagen mit Zauber arbeitet, kann man seine Kraft verstärken. Im Folgenden wird die Wirkungsweise von Zauber an den jeweiligen Wochentagen beschrieben:

Samstag – Dieser Tag ist dem Saturn zugeordnet und wird mit Pechkohle, Obsidian und Blei assoziiert. An diesem Tag kann man mit Zaubersprüchen und Kristallmagie Hindernisse und Beschränkungen aus dem Weg räumen.

Sonntag – Dieser Tag ist der Sonne zugeordnet und wird mit Topas, Bernstein und Gold in Verbindung gebracht. Zaubersprüche und Kristallmagie bewirken an diesem Tag Gesundheit, Erfolg und Macht.

Montag – Dieser Tag ist dem Mond zugeordnet und wird mit Perle, Mondstein und Silber assoziiert. An diesem Tag fördern Zaubersprüche und Kristallmagie die Wahrnehmung, die Fruchtbarkeit und alle weiblichen Belange.

Dienstag – Dieser Tag ist dem Mars zugeordnet und wird mit Hämatit, Rubin und Eisen in Verbindung gebracht. An diesem Tag können Sie mit Zaubersprüchen und Kristallmagie Kraft, Macht und Autorität steigern und Konflikte auflösen.

Mittwoch – Dieser Tag ist dem Merkur zugeordnet und wird mit Achat, Karneol und Quecksilber assoziiert. An diesem Tag sind Zaubersprüche und Kristallmagie wirksam, die sich auf jegliche Form von Kommunikation sowie auf Schreiben, Sprechen, Lernen und Studieren beziehen.

Donnerstag – Dieser Tag ist dem Jupiter zugeordnet und wird mit Amethyst, Aquamarin und Zinn in Verbindung gebracht. Dieser Tag eignet sich für Zaubersprüche und Kristallmagie, die mit Beruf, Glück, Reisen, Geld und Reichtum zu tun haben.

Freitag – Dieser Tag ist der Venus zugeordnet und wird mit Smaragd, Jade und Kupfer assoziiert. Zaubersprüche und Kristallmagie, die sich auf Liebe, Heirat, Schönheit, Harmonie und Kreativität beziehen, sind an diesem Tag besonders wirksam.

Wenn Sie den Tag festgelegt haben, der Ihren Belangen am nächsten kommt, dann artikulieren Sie Ihren Zauber zwischen acht und neun Uhr morgens, zwischen drei und vier Uhr nachmittags oder zwischen zehn und elf Uhr nachts, da diese Stunden mit den Kräften der jeweiligen Planeten korrespondieren.

Knotenzauber

- Besorgen Sie sich Kristallperlen und ziehen etwa zwanzig Zentimeter lange Schnüre aus farbigem Garn. Sie können gleichfarbig sein oder verschiedene Farben haben.
- Binden Sie alle Schnüre an einem Ende zu einem Knoten zusammen. Jetzt können Sie diese flechten, wie Sie wollen, und die Kristallperlen in den Zopf miteinbringen. Halten Sie das offene Ende so, dass es nicht aufgehen kann, und beginnen Sie, den Zauberspruch zu verknoten.
- Sie müssen im Ganzen sieben Knoten im selben Abstand voneinander neben den eingeflochtenen Perlen anbringen. Während Sie die einzelnen Knoten herstellen, integrieren Sie Ihren Zauberspruch, indem Sie um das bitten, was Sie brauchen. Seien Sie sich über Ihren Wunsch vollkommen im Klaren, denn er wird erfüllt werden, und Sie werden mit dem Ergebnis vielleicht lange Zeit leben müssen.
- Wenn Sie sechs Knoten geknüpft haben, knoten Sie die zwei Enden als Verschlussknoten zusammen. Auf diese Weise wird der Zauberspruch festgehalten, bis sich das Resultat manifestiert hat.
- Sie können das Band tragen, es vergraben oder es an einem sicheren, ruhigen Ort aufbewahren. Sollte es einmal aufgehen oder beschädigt werden, ist es ratsam, den Knotenzauber zu erneuern. Falls das Band

nach wie vor nicht hält, ändern Sie Ihre Bitte oder versuchen es zu einem späteren Zeitpunkt erneut.

Die Zauberknotenbänder müssen nicht schön aussehen – die Wirkung ist das Ausschlaggebende. Sie können alle möglichen Symbole, die mit Ihrem Anliegen zu tun haben, daran befestigen. Befassen Sie sich also nicht allzu sehr mit dem Erscheinungsbild.
Sobald sich das erwünschte Resultat eingestellt hat, sollten Sie das Zauberband vergraben, damit die darin eingeschlossene Energie wieder ins Universum strömen und jemand anderem helfen kann. Dieser Vorgang ermöglicht Ihnen den nächsten Schritt auf Ihrer Lebensreise, ohne dass Sie dabei von Altlasten beeinträchtigt werden.

Wünsche aussenden

Der bevorzugte Wunschbaum ist die Weide. Ein Wunsch, der mit Hilfe eines Weidenzweigs abgeschickt wird, wird mit sehr hoher Wahrscheinlichkeit erfüllt. Sie können eine Weide mit Ihren Kristallen schmücken und sie darum bitten, bei der Realisierung Ihres Wunsches behilflich zu sein. Sie können auch einen Zauberstab aus einem Weidenzweig anfertigen – natürlich erst, nachdem Sie den Baum um Erlaubnis gefragt haben. Dabei befestigen Sie Kristalle, Edelsteine, Muscheln oder Steine, die für Sie eine persönliche Bedeutung haben, an einem Weidenzweig.
Auch andere Bäume können die Fähigkeiten Ihrer Kristalle verstärken. Der Apfelbaum zum Beispiel wird mit Liebe und Beziehung, die Esche mit Gesundheit und die Eberesche mit Schutz assoziiert. Wenn Sie beispielsweise um Schutz bitten wollen, suchen Sie eine Eberesche auf,

legen Ihren Kristall oder mehrere Kristalle darunter und erzählen ihr, warum Sie Schutz suchen. Sie sollten ungefähr 15 Minuten lang unter dem Baum sitzen bleiben. Währenddessen können Sie den Kristall in der Hand halten oder ihn am Fuß des Baumes platzieren. Es ist immer gut, jedem Wesen zu danken, das einem behilflich ist. So sollten Sie der Eberesche danken, dass sie Ihnen Schutz gewährt und Ihren Kristall mit Schutzkraft erfüllt.

Wünsche vergraben

Wünsche einzugraben ist besonders hilfreich, um Hindernisse zu beseitigen, Ihr materielles Leben zu verbessern und lang gehegte Pläne und Ideen zum Blühen zu bringen. Schreiben Sie Ihren Wunsch auf ein Stück Papier und vergraben Sie dieses zusammen mit einem geeigneten Kristall. Es ist wichtig, nichts auszugraben, bevor sich der Wunsch realisiert hat; erst danach können Sie die Kristalle wieder aus der Erde holen. Bedecken Sie die Stelle, die Sie gestört haben und gehen Sie nicht mehr dorthin zurück. Sollten Sie in der Zukunft einen weiteren Wunsch vergraben wollen, so wählen Sie dafür einen anderen Platz. Sie können die vergrabenen Kristalle auch zum Dank in der Erde lassen.

Die Wunschstern-Meditation

Der Stern ist ein sehr potentes, magisches Symbol, und der sechsspitzige Stern ist besonders kraftvoll, weil er immer gleich bleibt, ungeachtet in welche Richtung man ihn dreht. Er besteht aus zwei ineinander greifenden Dreiecken, wobei das nach oben zeigende Dreieck den männlichen Aspekt und nach unten zeigende Dreieck den weiblichen Aspekt des Lebens darstellt. Wenn Sie sich in das Zentrum von in einer Sternenformation angeordneten Bergkristallen setzen, empfangen Sie die durch die Kristalle verstärkten männlichen und weiblichen Aspekte des sechsspitzigen Sterns. Auf diese Weise können Sie sich Zutritt zu den universellen Energien verschaffen und so die Kraft Ihrer Wünsche steigern.

Sie brauchen:

Salz
Ein Stück weiße Kohle
Sechs klare Bergkristalle
Ihren persönlichen Heilstein
Ein Kissen oder ein Meditationsbänkchen

- Halten sie alle Gegenstände bereit, so dass Sie den Kreis nicht mehr verlassen müssen, bis Ihre Meditation beendet ist.
- Stellen Sie sich in die Mitte Ihres imaginären Kreises. Streuen Sie im Uhrzeigersinn Salz in einem Kreis um sich herum, der groß genug ist, dass Sie bequem darin sitzen können.
- Nehmen Sie das Stück Kreide, und zeichnen Sie zwei ineinander greifende Dreiecke, die einen sechsspitzigen Stern ergeben (siehe Abbildung), in den Kreis hinein. Der Stern sollte so groß sein, dass Sie in seinem Zentrum sitzen können.
- Legen Sie die Bergkristalle auf jeweils eine Spitze des Sterns.
- Nehmen Sie Ihren persönlichen Heilstein in die Hand, setzen Sie sich in das Zentrum des Sterns und schließen Sie die Augen. Machen Sie die Diamant-Augen-Übung (siehe Seite 108 bis 109), und sammeln Sie sich.
- Sobald Sie sich im Gleichgewicht fühlen, bitten Sie darum, dass Ihr »Wunschstern« mit dem Licht des

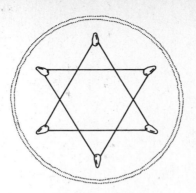

Der Wunschstern

Geistes erfüllt und das Licht Sie erleuchten und Ihre Intuition verstärken möge. Bleiben Sie in der Mitte Ihres Wunschsterns sitzen, ohne etwas zu erwarten, und konzentrieren Sie sich auf Ihr Ziel. Vergessen Sie nicht, dass die wirkungsvollsten Wünsche immer mit dem Wohl anderer einhergehen. Sollten Sie etwas für sich selbst wünschen, achten Sie darauf, dass Sie dabei den freien Willen anderer weder kontrollieren noch manipulieren. Nehmen Sie sich für diese Übung etwa 15 Minuten Zeit.

- Um den Kreis wieder zu schließen, legen Sie Ihren persönlichen Heilstein innerhalb des Kreises nieder und entfernen die Kristalle in umgekehrter Weise, wie Sie sie zuvor hingelegt haben. Wischen Sie die Kreide mit der Hand weg. Bevor Sie nun aus dem Salzkreis herausgehen, bedanken Sie sich und bitten darum, dass das Licht weiterhin Ihre Visionen segnet und Sie leitet. Öffnen Sie den Salzkreis und gehen Sie hinaus.
- Nun können Sie alles aufräumen. Das Salz, das Sie

verwendet haben, bringen Sie entweder in den Garten oder schütten es draußen auf den Boden. Legen Sie Ihre Kristalle für ein paar Stunden in einen Topf mit Erde, bevor Sie diese wie üblich reinigen. Dann wickeln Sie die Kristalle in ein Stück schwarze Seide. Es ist ratsam, diese Kristalle nur für die Wunschstern-Meditation zu verwenden.

Wie man Liebe, Gesundheit und Wohlstand anzieht
Quarzkristalle eignen sich wunderbar dafür, Energie herbeizurufen und zu empfangen. Sehr wirkungsvoll sind Quarz, Citrin, Amethyst, Rauchquarz, Rosenquarz und Rutilquarz. Für Wünsche sind besonders Bergkristall und Rutilquarz zu empfehlen. Weitere Kristalle, die sich zur Anrufung eignen, sind der Herkhimer Diamant, Kalzit und Azurit. Mit diesen Kristallen können Sie um Liebe oder auch um die Chance, eine gute Anstellung zu bekommen, bitten. Empfangende Kristalle sind für gesundheitliche und finanzielle Anliegen zuständig, wie auch zum Beantworten von Fragen, die der Klärung bedürfen (zum Beispiel bei Entscheidungen, die die Zukunft betreffen).
Einer der wirksamsten Kristalle für das Erhalten und Speichern von Energie ist der Rauchquarz. Mit diesem Stein können Sie auch materielle Dinge in Ihr Leben rufen. Sie können Ihren Rauchquarz auf den Zettel legen, auf den Sie Ihren Wunsch geschrieben haben. Falls Sie das Ganze noch verstärken wollen, dann verwenden Sie Kräuter oder Öle (siehe Seite 129 bis 130) mit entsprechenden ergänzenden Qualitäten und reiben Ihren Kristall damit ein. Platzieren Sie Ihren Rauchquarz neben einer Türe oder einem Fenster, wo er ungestört ist, um das gewünschte Objekt anzuziehen.

Sie können auch andere Kristalle verwenden, wenn Sie um Unterstützung in bestimmten Lebensbereichen bitten wollen. Sie können diese Kristalle als Schmuck, in einer Kleidungstasche oder in einem Beutel tragen, sie auf einen Altar legen oder in einem Zauberritual einsetzen. Die Eigenschaften von Kristallen, Steinen, Bäumen, Kräutern, Ölen und Gewürzen können Ihre persönliche Magie potenzieren. Die folgende Liste zeigt Ihnen, wie diese Kristalle Ihr Leben bereichern können:

Rosenquarz, Perle, Smaragd – bringen Balance in Ihre Emotionen.
Rauchquarz, Obsidian – bringen Balance in Ihr materielles Dasein.
Türkis, Blauer Saphir – verbessern die Kommunikation.
Versteinertes Holz, Herkhimer Diamant, Lapislazuli – stärken die Gesundheit.
Vanadinit, Obsidian – helfen bei Entscheidungen.
Amethyst, Azurit – verbessern das Denkvermögen.
Hämatit, Blutstein, Mondstein – haben eine positive Wirkung auf den Menstruationszyklus sowie auf Fruchtbarkeit und Mutterschaft.

Aromaöle und Kristalle

Aromaöle verstärken die Eigenschaften der Kristalle und können die Kraft Ihres Zaubers potenzieren.
- Schreiben Sie Ihr Anliegen klar und deutlich auf ein Stück Papier, falten Sie es zusammen und legen Sie Ihren Kristall darauf.
- Wenn Sie das entsprechende Öl gewählt haben, ölen Sie Ihren Kristall damit ein und legen ihn so auf Ihren Zettel, dass er ihn bedeckt.

- Verwahren Sie Ihren Ölzauber an einem sicheren Platz, zum Beispiel auf einem Altar oder an einem Ort, an dem Sie sich Ihrer spirituellen Praxis widmen.
- Reinigen Sie Ihren Kristall von dem Öl, sobald Sie den Impuls verspüren, dies zu tun.

Liebe – Pflanzen bzw. Aromaöle, die Liebe anziehen, sind Rose, Blüte und Frucht von Äpfeln, Lavendel und Vanille. Sollten Sie keine entsprechenden Aromaöle finden, können Sie zum Beispiel Rosenblätter aus dem Garten oder einen nicht mit Spritzmitteln behandelten Apfel verwenden.

Gesundheit – Pflanzen bzw. Öle, die Heilung und Reinigung bewirken, sind beispielsweise Salbei, Esche, Wacholder und Anemonen. Pinienzapfen und Misteln fördern die Fruchtbarkeit, aber seien Sie vorsichtig, da Mistelbeeren giftig sind und nicht innerlich angewandt werden sollen. Umgeben Sie Ihren Kristall mit Pinienzapfen oder Mistelzweigen, um Ihren Wunsch nach Heilung zu bekräftigen.

Wohlstand – Pflanzen bzw. Öle, die Wohlstand anziehen, sind Nelke, Jasmin, Zimt, Geißblatt und Minze.

Zauber mit Aromaölen

Während Sie Ihren Kristall einölen, wiederholen Sie Ihren Zauberspruch einige Male und visualisieren dabei, wie der Kristall Ihr Anliegen weiterleitet. Der Bergkristall ist ein wunderbarer Sender und Verstärker und deshalb für diese Art von Zauber am geeignetsten. Folgende Öle eignen sich ebenfalls:

Geranium – zum Schutz von Häusern und Wohnungen.
Lavendelöl – zur Verbesserung der Kommunikation.
Lotus – Verbindung zum höheren Selbst und zu spirituellen Ebenen.
Nelkenöl – zieht Wohlstand an.
Patchouli – um männliche Aufmerksamkeit auf sich zu ziehen.
Pfefferminz – hilfreich in Zeiten der Wandlung.
Rosenöl – für die Liebe.
Sandelholz – zur Heilung.
Weihrauch – ein heiliges Öl für Zeremonien.
Ylang-Ylang – um männliche Aufmerksamkeit auf sich zu ziehen.

Mondmagie

Auch der Mond kann der Entwicklung Ihrer intuitiven Fähigkeiten dienlich sein, da er mit Intuition und Innenschau assoziiert wird. Die vier Mondphasen haben verschiedene Qualitäten.

Zunehmender Mond – Wenn Sie Ihr Leben verändern wollen, platzieren Sie Ihren Kristall nach Einbruch der Dunkelheit draußen im Licht des Neumonds oder des zunehmenden Monds.

Vollmond – Wenn Sie in Ihrem Leben etwas vergrößern oder erweitern wollen, dann legen Sie Ihren Kristall draußen in das Licht des Vollmonds.

Abnehmender Mond – Wenn Sie etwas aus Ihrem Leben entfernen wollen, dann legen Sie Ihren Kristall in das Licht des abnehmenden Monds.

Neumond – Platzieren Sie Ihren Kristall unter dem Neumond (abseits von Lichtquellen wie Straßenlampen etc.), wenn Sie die Ereignisse, mit denen Sie im Laufe Ihres Lebens konfrontiert wurden, verstehen wollen und wenn Sie nach Weisheit trachten.

Traumkristalle

Einige Kristalle eignen sich besonders dafür, Ihnen zu helfen, während der Traumphase wichtige Botschaften zu empfangen. Sie sollten gereinigt (siehe Seite 67 bis 71), programmiert (siehe Seite 71 bis 74) und dann unter Ihr Kopfkissen gelegt werden. Bitten Sie darum, dass der Kristall Sie dabei unterstützt, neue Einsichten und Erkenntnisse zu gewinnen. Sie können den Kristall unter Ihrem Kissen liegen lassen, doch sollten Sie ihn regelmäßig reinigen. Verwenden Sie:

Amethyst – fördert friedlichen Schlaf und spirituelle Erfahrungen in Träume.
Aquamarin – fördert intuitive Träume und Träume mit Hinweisen auf die Zukunft.
Azurit – fördert Visionen und die Erinnerung an Träume.
Celestit – fördert die Verbindung mit spirituellen Führern und Lichtwesen während des Träumens.
Citrin – schützt vor Alpträumen.
Mondstein – beruhigt und besänftigt vor dem Einschlafen und verbindet mit der intuitiven Welt und den Mondzyklen.
Peckkohle – absorbiert jegliche Negativität im Schlafzimmer (die beispielsweise durch einen Streit oder Stress entstanden sein kann), bringt Ruhe.
Versteinertes Holz – ermöglicht die Erinnerung an ver-

gangene Leben und an die Ahnen sowie das Erkennen der individuellen Lebensaufgabe, während man sich im Schlafzustand befindet.

Edelsteinmagie und die vier Elemente
Sie können auch die vier Elemente zur Unterstützung Ihres Zaubers anrufen.

Erde – Sie können das Element Erde nützen, indem Sie einen Kristall, der die gewünschten Eigenschaften aufweist, mit einem Stück Ihres Fingernagels oder einer Ihrer Haarsträhnen vergraben, während Sie Ihr Anliegen ein paar Mal wiederholen. Das Element Erde steht im Allgemeinen für Wünsche, die sich auf Geschäfte und Finanzen, das Heim, Sicherheit und Fruchtbarkeit beziehen.

Luft – Hängen Sie einen Kristall an einem Seidenfaden irgendwo auf, wo er sanft vom Wind bewegt wird. Während Sie den Kristall befestigen, bitten Sie das Element Luft, Ihren Wunsch zu segnen. Das Element Luft steht für Anliegen, die sich auf Wissen, Lernen, Kommunikation, Prüfungen, Tests und Reisen beziehen.

Feuer – Rufen Sie das Feuerelement zu Hilfe, indem Sie eine Kerze in der entsprechenden Farbe anzünden (siehe unten). Wickeln Sie ein paar Haarsträhnen um Ihren persönlichen Heilstein, während Sie Ihren Wunsch wiederholen. Dann bewegen Sie den Kristall durch die Flamme (siehe unten). Entfernen Sie die Haarsträhne von dem Kristall und verbrennen Sie diese in der Flamme, während Sie visualisieren, wie Ihr Wunsch zum Himmel aufsteigt.
– *Samstag:* An einem Samstag stellen Sie eine schwarze

Kerze vor einen Spiegel, um Hindernisse aus dem Weg zu schaffen. Bewegen Sie Ihren Kristall dreimal durch die Flamme, ohne dass Sie selbst im Spiegel erscheinen, und wiederholen Sie dabei jedes Mal Ihren Wunsch. Blasen Sie die Kerze danach aus. Entfernen Sie die schwarze Kerze. Bedecken Sie den Spiegel vollständig, und stellen Sie eine weiße Kerze an denselben Platz. Verbrennen Sie Ihre Haarsträhne in der Flamme der weißen Kerze und lassen Sie diese dann abbrennen. Natürlich dürfen Sie die Kerze nicht unbeaufsichtigt lassen. Ein Spiegel wird nur für den eben beschriebenen Zauber verwendet.

- *Sonntag:* An einem Sonntag entzünden Sie eine gelbe Kerze, die Fülle und Erfolg symbolisiert. Bewegen Sie Ihren Kristall sechsmal durch die Flamme, bevor Sie Ihre Haarsträhne darin verbrennen.
- *Montag:* An einem Montag verwenden Sie eine silberne Kerze, wenn Sie bestimmte Einsichten gewinnen wollen oder wenn Sie bei spezifisch weiblichen Themen wie Geburt, Mutterschaft etc. Unterstützung suchen. Bewegen Sie Ihren Kristall neunmal durch die Flamme, bevor Sie Ihre Haarsträhne darin verbrennen.
- *Dienstag:* An einem Dienstag verwenden Sie eine rote Kerze, um dem Wunsch nach Stärke und Autorität Ausdruck zu verleihen. Bewegen Sie Ihren Kristall fünfmal durch die Flamme, bevor Sie Ihre Haarsträhne darin verbrennen.
- *Mittwoch:* An einem Mittwoch zünden Sie eine orangefarbene Kerze für Zaubersprüche an, die sich auf alle Formen von Kommunikation beziehen. Bewegen Sie Ihren Kristall achtmal durch die Flamme, bevor Sie Ihre Haarsträhne verbrennen.

- *Donnerstag:* An einem Donnerstag benützen Sie eine blaue Kerze für Heilung, Ruhe und Glück. Bewegen Sie Ihren Kristall viermal durch die Flamme, bevor Sie Ihre Haarsträhne verbrennen.
- *Freitag:* An einem Freitag zünden Sie eine rosa Kerze für Liebe, Frieden und Freude an. Bewegen Sie Ihren Kristall siebenmal durch die Flamme, bevor Sie Ihre Haarsträhne darin verbrennen.

Wasser – Das Element Wasser steht im Allgemeinen für Intuition, psychische Aktivität, Heirat, Fruchtbarkeit, Freundschaft, Harmonie und Schlaf. Legen Sie eine Hand voll Kristalle mit den gewünschten Eigenschaften in eine Schüssel mit Quellwasser und stellen Sie die Schüssel in die Nähe Ihres Schlafplatzes. Wechseln Sie das Wasser alle drei Tage.

Werfen Sie einen kleinen, passenden Kristall in einen Wunschbrunnen oder einen Fluss, und bitten Sie den Geist des Wassers, Ihren Wunsch dorthin zu bringen, wo er gehört wird.

Geldzauber

Legen Sie Silbermünzen rund um eine grüne Kerze, entzünden Sie den Docht, und visualisieren Sie Geld, das in Ihre offenen Hände fällt.

Sie können auch Silbermünzen in der Erde vergraben – oder in einem Geldtopf, der mit Erde gefüllt ist (ein Gefäß aus Zinn ist besonders geeignet).

Als Alternative können Sie Münzen und Erde auch in ein Stück gelbes oder grünes Tuch wickeln. Wünschen Sie sich finanzielle Sicherheit, und knoten Sie das Tuch fest zusammen. Tragen Sie das Säckchen mit sich und berühren Sie es hin und wieder, um die Verbindung mit ihm aufrechtzuerhalten. Öffnen Sie das Säckchen nicht mehr. Sollte es von allein aufgehen, wiederholen Sie das Ritual.

Bei jeglicher Art von Zauber sollten Sie die größtmögliche Konzentration aufbringen und danach alles ruhen lassen.

Gehen Sie nicht an den Platz zurück, und wiederholen Sie Ihren Wunsch nicht mehr, wenn das Zauberritual bereits durchgeführt wurde. Seien Sie ruhig, und lassen Sie den Zauber wirken. Falls sich kein befriedigendes Ergebnis einstellt, versuchen Sie es 28 Tage später noch einmal. Mancher Zauber braucht Monate, bis er Früchte trägt; seien Sie also geduldig.

Edelsteinelixiere

Jahrtausendelang fanden Kristall- und Edelsteinelixiere weltweit in alten Kulturen und Stämmen Verwendung. Kristalle oder »Steinmenschen« wurden wegen Ihrer vielfältigen positiven Wirkungen geschätzt und regelmäßig zu Heilzwecken, Wahrsagung und Magie verwendet. Es gibt zum Beispiel einen Zweig in der ayurvedischen Medizin, in welchem Edelsteine bei der medizinischen Behandlung eingesetzt werden.

Kristall- und Edelsteinessenzen sind potente Heilmittel, die eine ähnliche Wirkung haben wie homöopathische Arzneien. Da sie mit der kristallinen Struktur unseres Körpers schwingen, können sie unsere physische Befindlichkeit verändern.

Kristall- und Edelsteinelixiere stellt man her, indem man den jeweiligen Kristall in Quellwasser legt und ihn für eine bestimmte Zeit im Sonnen- und Mondlicht stehen lässt. Für männliche Kristalle braucht man Sonnenlicht. Es dauert ungefähr drei Stunden, bis eine Essenz fertig ist. Für weibliche Steine benötigen Sie Mondlicht. Das Wasser mit dem Kristall sollte nach Sonnenuntergang ins Freie gestellt werden, am besten in das Licht des Vollmonds. Nach Mitternacht ist die Medizin fertig. Auf Seite 68 bis 70 finden Sie eine Liste männlicher und weiblicher Kristalle.

Diese Heilmittel wirken sehr intensiv. Stellen Sie bitte keine Essenzen her, solange Sie nicht wirklich Erfahrung damit haben!

Kristall- und Edelsteinelixiere haben eine ähnliche Wirkung wie Blütenessenzen (siehe Seite 86 bis 87) und können für psychische und spirituelle Probleme sowie für den physischen Körper verwendet werden. Sollten Sie sich in tiefen emotionalen Prozessen befinden, kann es sehr wirkungsvoll sein, wenn Sie Ihre Kristallessenzen mit ergänzenden Blütenessenzen kombinieren, um dadurch die starken Schwingungen der Kristalle, insbesondere der Edelsteine, zu mildern. Edelsteine sind pure Mineralien, ungetrübt von irgendeinem anderen chemischen Stoff oder Mineral; deshalb sind sie so wertvoll. Sie sind die reinste Kristallform, die es gibt, und haben somit die stärksten Schwingungen.

Wie Sie eine Diagnose stellen

Bevor ein Heilkundiger, der mit Schwingungen arbeitet, seinen Behandlungsvorschlag macht, stellt er eine Diagnose mittels Muskeltest oder Aura-Reading. Die Dosierung kann mit Hilfe eines Pendels festgelegt werden (siehe Seite 143 bis 144).

Muskeltest
Kinesiologie ist eine zunehmend verbreitete Methode, um festzustellen, was im Körper vor sich geht. Der Experte kann feststellen, was den Körper schwächt oder beeinträchtigt, indem er testet, ob ein Muskel »stark« oder »schwach« reagiert. Manchmal liegt es an der Ernährungsweise oder der Umwelt, wenn der Organismus angegriffen ist. Eine einfache Muskeltest-Technik kann mit Zeigefinger und Daumen durchgeführt werden:

- Bringen Sie Ihren linken Daumen und Zeigefinger so zusammen, dass Sie damit einen Kreis formen.

- Nun führen Sie Daumen und Zeigefinger der anderen Hand in den Kreis ein.

- Versuchen Sie nun, den Kreis mit dem Daumen und Zeigefinger Ihrer rechten Hand zu sprengen, so dass der Kreis sich öffnet und wieder schließt.
- Testen Sie, wie viel Druck notwendig ist, um den Kreis zu sprengen. (Dazu brauchen Sie eher Feingefühl als Kraft.)
- Es ist eine positive Antwort, wenn der Kreis nicht leicht zu öffnen ist, und eine negative Antwort, wenn er sich leicht öffnen lässt.

Auf diese Weise können Sie ziemlich schnell eine Reihe von Fragen beantworten und zum Beispiel herausfinden, welche Kristalle und Edelsteine gerade am geeignetsten sind.

Die Aura lesen

Diese Methode wendet man an, um zu erspüren, was in einem selbst oder einem anderen vor sich geht. Man stützt sich dabei auf die intuitive Wahrnehmungsfähigkeit der Hände.

Am besten entwickeln Sie Ihre sensitiven Fähigkeiten, indem Sie so häufig wie möglich mit verschiedenen Personen üben. Sie können auch versuchen, die Aura von Pflanzen, Bäumen, Kristallen und anderen Dingen wahrzunehmen, von denen Sie sich angezogen fühlen. Dadurch lernen Sie ganz unterschiedliche Schwingungen kennen. In der Regel liest man die Aura mit Hilfe der Hände. Es gibt aber auch Sensitive, die die Schwingungen und Farben einer Aura sehen können und sie dann interpretieren. Das Lesen der Aura findet ohne direkte Berührung des Körpers statt. Man hält die Hände ein paar Zentimeter vom Körper entfernt und tastet die Aura ab. Dabei können die unterschiedlichsten Qualitäten wahrgenommen werden (siehe Abbildung).

- Stellen Sie sich vor die Person, deren Aura Sie abtasten wollen. Der Abstand zwischen Ihren Füßen sollte schulterbreit sein. Bewegen Sie Ihre Knie leicht, damit Sie einen festen Kontakt mit dem Boden haben. Während Sie die Aura abtasten, sollten Sie die Füße auf dem Boden lassen, um zu gewährleisten, dass Sie gut geerdet und im Gleichgewicht sind. Bei jeder Form von Energiearbeit ist es wichtig, geerdet zu sein, weil man schnell »abheben« oder energetisch aus dem Gleichgewicht kommen kann.
- Legen Sie Ihre Hände auf Ihr Herz, die linke über der rechten Hand, und sammeln Sie sich einen Augenblick

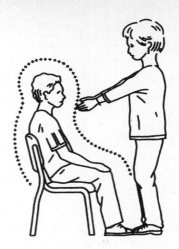

Die Aura lesen

lang. Sie müssen sich in einen offenen, aufnahmebereiten Zustand bringen, so dass Sie die Informationen »lesen« können, die Sie durch Ihre Hände empfangen. Vielleicht wollen Sie ein kleines Gebet sprechen oder bestimmte Lichtwesen anrufen, die Ihr Vorhaben unterstützen.

- Heben Sie die Hände, so dass Sie den Körper der anderen Person bequem abtasten können. Bewegen Sie Ihre Hände langsam auf den Körper zu, bis Sie einen energetischen Kontakt spüren. Dieser kann sich wie Prickeln, heiß oder kalt anfühlen
- Bewegen Sie Ihre Hände im selben Abstand um den Körper herum und erfühlen Sie Unregelmäßigkeiten wie Einbuchtungen oder Ausdehnungen sowie Hitze oder Kälte in der energetischen Schwingung. Notieren Sie, wo diese auftreten. Entspannen Sie Finger und

Hände, während Sie die Aura abtasten, und bleiben Sie empfänglich.
- Hitze zeigt meistens einen Überschuss an extrovertierter Energie an, während Kälte eher auf ein Übermaß an introvertierter Energie hindeutet. Die speziellen Qualitäten, die Sie wahrnehmen, sollten Sie unter heiß oder kalt einordnen, so dass Sie feststellen können, ob der jeweilige Bereich zur Wiederherstellung des Gleichgewichts einen männlichen oder weiblichen Stein benötigt.
- Stellen, die heiß sind, benötigen einen weiblichen Stein in der Komplementärfarbe der dem entsprechenden Chakra zugeordneten Farbe. Stellen, die kalt sind, brauchen einen männlichen Stein in der Komplementärfarbe des Chakras, mit dem Sie arbeiten. Wenn Ihr Klient sich zum Beispiel emotional ausgelaugt fühlt, wird sich sein Solarplexus-Chakra kalt oder leer anfühlen. Sie sollten in diesem Fall einen männlichen gelben Stein wählen und ihn auf den Solarplexus legen, damit das Gleichgewicht des Körpers wiederhergestellt werden kann.
- Sollten Sie die Verbindung mit der Aura Ihres Klienten verlieren, legen Sie Ihre beiden Handflächen auf den Boden und erden sich für einen Moment durch Ihre Hände. Das klärt Ihren Energiefluss und macht Sie wieder sensibel und empfänglich.

Wenn Sie mit dem Lesen der Aura fertig sind, gehen Sie behutsam mit Ihrem Klienten um. Befragen Sie ihn oder sie, um herauszufinden, ob Ihre Wahrnehmung zutreffend ist. Glauben Sie nicht, Sie wüssten nun über den Menschen, dessen Lebensgeschichte und Schicksal

Bescheid, nur weil Sie eine Verbindung mit seiner Aura aufgenommen haben. Viele Menschen haben die Erfahrung gemacht, dass ihnen ein übereifriger Kartenleger oder ein Medium Informationen gegeben haben, die sie als göttliche Wahrheit deklarierten, aber lediglich Sorgen und Ängste auslösten, die völlig unbegründet waren. Seien Sie also freundlich und konzentriert, wenn Sie Ihre Erkenntnisse kundtun.

Pendeln

Die Dosierung der Edelsteinelixiere ist – je nach Klient – sehr unterschiedlich. Therapeuten, die sich mit Energiemedizin beschäftigen, verwenden oft ein Pendel, um die richtige Dosierung zu ermitteln. Wenn Sie das Gefühl haben, mit einem Pendel umgehen zu können, versuchen Sie, so neutral wie möglich zu bleiben, um die Antwort des Kristalls nicht zu beeinflussen. Dies können Sie erreichen, indem Sie Ihre Fragen formulieren und »Ich bin gespannt, wie die Antwort lauten wird« hinzufügen, während Sie auf die Reaktion des Pendel warten.

- Nehmen Sie die Flasche mit der Essenz in Ihre linke Hand und halten Sie das Pendel darüber. Lassen Sie es sanft hin- und herschwingen und fragen Sie: »Brauche ich mehr als einen Tropfen?«
- Wenn das Pendel bejaht, fragen Sie: »Brauche ich mehr als zwei Tropfen?« etc., bis das Pendel verneint. Sollten Sie fragen: »Brauche ich mehr als drei Tropfen«, und das Pendel antwortet mit Nein, wissen Sie, dass die Dosierung für die nächste Zukunft aus drei Tropfen besteht.
- Um herauszufinden, wie oft das Elixier eingenommen

werden soll, können Sie dasselbe Verfahren anwenden, doch diesmal mit der Frage: »Brauche ich diese Essenz mehr als einmal am Tag?« etc., bis Sie die Antwort gefunden haben.
- Sollten Sie kein Pendel benützen wollen, nehmen Sie dreimal täglich sieben Tropfen ein, bis Sie intuitiv spüren, dass es der richtige Augenblick ist, um aufzuhören, oder bis die Flasche leer ist. Es ist ratsam, Edelsteinelixiere nicht ständig einzunehmen und nach dem Aufbrauchen einer Flasche mindestens einen Monat Pause einzulegen, bevor man mit der nächsten beginnt.

Kinder bekommen im Allgemeinen die halbe Dosis eines Erwachsenen.

Herstellung von Edelsteinelixieren

Edelsteinelixiere sind starke Heilmittel und werden zur Heilung chronischer und akuter physischer Störungen verwendet. Versuchen Sie bitte nicht, andere Essenzen als die unten beschriebenen herzustellen, es sei denn, Sie haben langjährige Erfahrung mit der Zubereitung und Anwendung von Elixieren. Bitte sehen Sie Edelstein- oder Blütenessenzen nicht als Ersatz für eine medizinische Behandlung durch einen Arzt an.
Die unten aufgeführte Rosenquarzessenz ist ein sanftes Kristallelixier, das in Verbindung zu Herz und Liebe, Frieden und Harmonie steht. Diese Essenz verbessert Ihre Beziehungen, Ihre Kreativität und Ihre emotionale Befindlichkeit und kann bedenkenlos bei Erwachsenen, Kindern und Tieren angewendet werden. Sie brauchen:

Eine 10-ml-Glasflasche
(in jeder Apotheke erhältlich)
Einen gereinigten Rosenquarz von »Edelsteinqualität«
(in guten Mineraliengeschäften erhältlich)
Eine kleine, saubere Glasschüssel
Salzwasser
10 ml (2 Teelöffel) Quellwasser
Wodka oder Honig

- Versichern Sie sich, dass alle Ihre Utensilien sauber sind. Schrauben Sie den Deckel von der Glasflasche und legen Sie sie ganz kurz in kochendes Quellwasser.
- Waschen Sie den Rosenquarz und die Glasschüssel in dem Salzwasser und halten Sie dann Kristall und Schüssel einen Moment lang unter kaltes, fließendes Wasser.
- Legen Sie den Rosenquarz in die Schüssel und schütten Sie 10 ml Quellwasser darüber. Lassen Sie das Ganze drei Stunden lang in nicht zu intensivem Sonnenlicht stehen.
- Schütten Sie einen Teelöffel voll Wodka in die 10-ml-Flasche.
- Nehmen Sie den Kristall aus der Schüssel, und schütten Sie das energetisierte Wasser in die Glasflasche. Schütteln Sie sie sanft und verschließen Sie sie.
- Beschriften Sie die Flasche, und schreiben Sie das Datum der Abfüllung dazu. Wenn Sie keinen Alkohol vertragen, ersetzen Sie den Wodka durch einen halben Teelöffel flüssigen Honig. Verwenden Sie dieses Elixier jedoch nicht länger als drei Monate, da Honig nicht so stark konserviert wie Alkohol.

– Sie können die Dosis entweder auspendeln oder dreimal täglich sieben Tropfen in Quellwasser einnehmen, bis die Flasche leer ist.

Wie man Edelsteinelixiere aufbewahrt

Edelsteinelixiere sollten idealerweise an einem kühlen, trockenen, gut gelüfteten Ort aufbewahrt werden – weit entfernt von elektrischen Geräten wie Kühlschrank, Videorecorder, Fernseher und Radiowecker, da Kristalle sehr empfindlich auf elektronische Frequenzen reagieren. Sie können ein Elixier bis zu drei Monaten aufbewahren, wenn es mit Honig konserviert wurde. Wurde es mit Alkohol hergestellt, kann es bis zu sechs Monate verwendet werden. Sollte die Essenz schon zuvor trübe werden, schütten Sie sie weg und bereiten eine neu zu.

Kombinierte Edelstein-, Kristall- und Blütenessenzen

Edelstein-, Kristall- und Blütenessenzen können kombiniert werden. Man kann solche Mischungen dazu verwenden, verschiedene Schichten von seelischen, geistigen und körperlichen Störungen zu heilen. Kombinierte Essenzen können auf die jeweiligen individuellen Beschwerden abgestimmt werden und sind ein wirkungsvolles und dabei völlig ungefährliches Heilmittel.

Wie man eine kombinierte Essenz herstellt: Edelstein- und Kristallessenzen sind wie homöopathische Essenzen ganz eng mit den physiologischen Prozessen des Körpers verbunden. Blütenessenzen haben eine subtile Wirkung auf Seele, Geist und Emotionen. In Kombination haben sie eine vielschichtigere Wirkung auf Disharmonien und erhöhen in den meisten Fällen die Heilkraft einer einzelnen Essenz. Es ist ratsam, keine andere kombinierte Essenz als die hier beschriebene anzufertigen. Stellen Sie andere Essenzen nur unter Aufsicht eines qualifizierten Experten her, der Erfahrung mit Essenzen hat. Die Essenzen sind nicht gefährlich, möglicherweise müssen jedoch hinsichtlich Zusammensetzung und Dosierung regelmäßig Änderungen vorgenommen werden. Sie können Ihr eigenes kombiniertes Elixier herstellen, indem Sie Ihrer Rosenquarzmixtur (siehe Seite 144 bis 145) sieben Tropfen von der Bachblütenessenz »Star of Bethlehem« hinzufügen und das Ganze vorsichtig schütteln. Nehmen Sie dreimal täglich vier Tropfen davon ein, bis die Flasche leer ist. Diese Kombination unterstützt die Überwindung von Schocks und Traumata (auch aus der Kindheit), beruhigt Emotionen, repariert Schwachstellen in der Aura, stärkt die Lebenskraft und schafft die richtige Umgebung für positive Veränderungen.

Dankbarkeit gegenüber der Erde

Wenn man sich mit Kristallen beschäftigt, sollte man an Mutter Erde denken, die unsere ständige Ignoranz so geduldig erträgt.
Es ist eine schöne Geste gegenüber Ihrem Kristall, ihn in der ersten Vollmondnacht im Mondlicht zu baden. Er wird dadurch mit kosmischen Energien und mit Morgentau gesegnet. Die meisten Kristalle sollte man nicht dem grellen Sonnenlicht aussetzen, außer es handelt sich um Steine, die ausdrücklich der Sonne zugeordnet sind. Man sollte sie auch nur dann ins Sonnenlicht legen, wenn sie sich nahe am oder im Wasser befinden.

Machen Sie der Erde Geschenke oder bringen Sie ihr Gaben dar, wenn Sie etwas zu Ihrem Gebrauch von ihr nehmen. Solange Sie ein dankbares Herz haben, werden Sie bei einer Zeremonie immer Hilfe erhalten.

Wenn sie heilige oder spezielle energetische Plätze aufsuchen, machen Sie dem Wächter oder den Energien dieses Platzes ein Geschenk, indem Sie einen Kristall dort lassen.

Es ist nicht nur wichtig, besondere Plätze zu erkennen, sondern auch wahrzunehmen, welche Hilfe brauchen. Sollten Sie auf dem Land oder in der Stadt eine Stelle bemerken, die Zuwendung braucht – etwa einen Baum, dessen Wurzeln mit Abfall bedeckt sind, oder Blumen, die vernachlässigt wurden, nehmen Sie sich ein bisschen Zeit, um dort aufzuräumen, und legen einen Kristall zum Zeichen Ihrer Liebe an diesen Ort. Der Kristall, der mit Ihrer Liebe erfüllt ist, strahlt Wärme aus und wirkt möglicherweise sogar auf den weiteren Umkreis ein. Jeder von uns hat die Möglichkeit, die Umwelt und die Lebensqualität auf dieser Erde zu verbessern.

Kristalle haben die Fähigkeit, Schwingungen zu senden und zu verstärken. Mit diesen Steinen der Liebe können wir große Veränderungen in Gang bringen.

Anhang

Kristalle und ihre Heilwirkungen von A bis Z

Kristalle	Heilwirkungen
Achat	Entspannt müde Augen; steigert die Energie.
Amazonit	Verbindet mit der Natur und den Naturgeistern; beruhigt Emotionen; reduziert Stress.
Amethyst	Gut bei Kopfschmerzen; beseitigt mentale und emotionale Verwirrung; hilft bei Schlafstörungen.
Aquamarin	Bewahrt Flüssigkeit; Immunstimulans.
Azurit	Balanciert Schilddrüse und Immunsystem aus; verbessert die psychische Aktivität.
Bernstein	Entschleimt; wirksam bei Erkältungen und Husten.
Blauer Saphir	Heilt den Halsbereich; verbessert die Kommunikation.
Blutstein	Steigert die Vitalität; balanciert das magnetische Feld aus; hebt die Stimmung.
Chalcedon	Reduziert Stress und Reizbarkeit.
Chrysokoll	Verbessert die Schilddrüsenfunktion; fördert die Hellsichtigkeit.
Chrysolith	Antidepressivum; fördert erholsamen Schlaf.
Chrysopras	Lindert rheumatische Beschwerden; beruhigt die Nerven bei Prüfungen; aktiviert das Gedächtnis.

Kristalle	Heilwirkungen
Citrin	Verbessert das Denkvermögen; reduziert emotionalen Stress; fördert das Finden und die Realisierung von Zielen.
Diamant	Kräftigt die Zähne; verbindet mit dem höheren Selbst.
Feuerstein	Psychischer Schutz; reinigt die Umgebung.
Fossil	Verbindet mit den alten Weisheitslehren.
Gold	Meisterheiler; bringt Liebe ins Herz.
Granat	Kräftigt das Blut; Körpertonikum.
Granit	Beschützt, energetisiert und magnetisiert.
Hämatit	Gut bei Anämie; bringt die weiblichen Zyklen ins Gleichgewicht.
Herkimer Diamant	Wirkt ausgleichend auf Geist und Seele.
Jade	Ermöglicht die Mitteilung von Gefühlen; unterstützt die Nierenfunktion.
Jaspis (grün)	Gut für Beschwerden in den Bereichen Mund, Verdauung und Atmung.
Karneol	Schafft Vertrauen; mindert Furcht; sollte bei starken Menstruationsblutungen getragen werden, um den Blutfluss zu stillen.
Kunzit	Gut bei Anämie; steigert das Selbstwertgefühl.
Labradorit	Heilt das innere Kind.
Lapislazuli	Gut bei Halsbeschwerden und für mentale Klarheit; verbessert die Sehkraft.
Magnetit	Gut bei Schwindelgefühl sowie Orientierungs- und Schlaflosigkeit.
Malachit	Hilft bei Schlafstörungen, lindert nervöse Anspannung und Rheuma.
Meteorit	Fördert kosmisches Bewusstsein und Weisheit.

Kristalle	Heilwirkungen
Moldavit	Fördert Hellsichtigkeit.
Mondstein	Fördert die Fruchtbarkeit und hat eine positive Wirkung auf weibliche Aufgaben, balanciert Emotionen aus.
Muschel	Hebt die Stimmung, beruhigt Emotionen; hilfreich bei allen Aspekten der Mutterschaft.
Obsidian	Stärkt die Entschlusskraft, unterstützt das Verdauungssystem.
Onyx	Kontrolliert Emotionen und negatives Denken.
Opal	Balanciert die rechte und linke Gehirnhälfte aus; hilfreich bei Autismus und Epilepsie; verbessert die Konzentrationsfähigkeit.
Pechkohle	Gut bei Alpträumen, Magenschmerzen, Migräne und für die Balance der weiblichen Fortpflanzungsorgane.
Peridot	Fördert Kreativität; beseitigt Eifersucht; senkt Fieber.
Perle	Verbessert die Hautfunktion; balanciert Emotionen aus; hilfreich bei Lungenstauung.
Porphyr	Verbessert die Kommunikationsfähigkeit.
Rauchquarz	Erdet, hilfreich bei der Meditation.
Rosenquarz	Verbessert die Einstellung zu sich selbst, offenbart innere Schönheit.
Rubin	Hat eine positive Wirkung auf Herz, Kreislauf und Blut.
Rutilquarz	Unterstützt die Regeneration des Gewebes; heilt Schnittwunden, Kratzer etc.; hilfreich bei Asthma.
Silber	Balanciert die weibliche Energie aus; erleichtert das Gebären; hat eine positive Wirkung auf das Nervensystem.

Kristalle	Heilwirkungen
Sodalith	Senkt den Blutdruck sowie Fieber.
Sternsaphir	Antidepressivum; fördert die spirituelle Inspiration.
Topas	Balanciert Emotionen aus; verbessert den Appetit und fördert einen erholsamen Schlaf.
Turmalin (schwarz)	Lindert Angstzustände; schützt vor Negativität.
Türkis	Fördert die Verdauung; heilt nervöse Herzbeschwerden; verbessert die Kommunikation;
Versteinertes Holz	Ermöglicht die Erinnerung an vergangene Leben, hat eine positive Wirkung auf das Herz.
Zirkon	Zieht Weisheit an; Mentaltonikum; balanciert die Leber aus.

Alphabetisches Verzeichnis:
Kristalle für spezielle Symptombereiche

Symptombereich	Kristall
Angst	Amethyst, Kupfer, Schwarzer Opal, Peridot, Sodalith.
Beziehungen	Rosenquarz, Rubin, Smaragd, Topas, Türkis.
Emotionale Ausgeglichenheit	Amazonit, Chalcedon, Mondstein, Muschel.
Erdung	Achat, Fluorit, Granat, Hämatit, Leopardenjaspis, Magnetit, Onyx.
Geistige Ausgeglichenheit	Citrin, Diamant, Karneol, Rauchquarz, Rhodonit, Saphir, Sugilith.
Gewichtsabnahme	Amethyst, Apatit, Chrysokoll, Roter Jaspis, Manganspat, Sodalith, Türkis.
Glück/Erfolg	Alexandrit, Apachenträne, Aventurin, Lepidolith, Pechkohle, Türkis.
Niedergeschlagenheit	Amethyst, Diamant, orangefarbener Kalzit, Karneol, Peridot, Roter Phantomquarz, Rubin, Sonnenstein, Schwarzer Turmalin.
Schutz	Apachenträne, Feuerstein, Fossil, Jaspis, Katzensilber, Obsidian, Onyx, Zirkon (farblos).
Sexualleben	Karneol, Schwarzer Opal, Sonnenstein, Zirkon (gelb).
Spirituelle Entwicklung	Celestit, Chrysokoll, Diamant, Fossil, Meteorit, Moldavit, Sternsaphir.

Astrologische Zeichen und zugeordnete Kristalle

Astrologisches Zeichen	Farbe	Kristall
Widder (Mars)	Rot	Blutstein, Diamant, Granat, Rubin.
Stier (Venus)	Grün	Jade, Lapislazuli, Moosachat, Smaragd.
Zwilling (Merkur)	Gelb	Achat, Aventurin, Diamant.
Krebs (Mond)	Silber	Beryll, Mondstein, Perle.
Löwe (Sonne)	Gold	Bernstein, Gold, Karneol, Sardonyx, Topas.
Jungfrau (Merkur)	Gelb	Achat, Aventurin, Jade, Karneol, Saphir.
Waage (Venus)	Meergrün	Aquamarin, Chrysopras, Lapislazuli, Opal, Türkis.
Skorpion (Pluto)	Orange	Feueropal, Kunzit, Spinell, Topas, Turmalinquarz.
Schütze (Jupiter)	Magenta	Amethyst, Saphir, Sugilith, Türkis.
Steinbock (Saturn)	Schwarz	Apachenträne, Hämatit, Onyx, Zirkon.
Wassermann (Uranus)	Violett	Aquamarin, Fossil, Pechkohle.
Fische (Neptun)	Türkis	Amethyst, Jacynth, Sugilith.

Einige Steine sind mehr als einem Sternzeichen zugeordnet. Das kommt daher, dass es keine klare Übereinkunft gibt, welche Steine zu welchen Zeichen gehören. Sollten Sie üblicherweise Steine tragen, die Ihrem Sternzeichen zugeordnet sind und maskuline Qualitäten wie Stärke, Extravertiertheit, Arbeit, Erfolg und Selbstausdruck repräsentieren, dann sollten Sie abwechselnd auch Steine auswählen, die Ihrem Aszendenten oder Mondzeichen zugehören, um die Balance Ihrer männlichen und weiblichen Seite zu gewährleisten. Die Stellung des Mondes in Ihrem Horoskop zeigt Ihre weiblichen Aspekte wie Intuition, Sensibilität, Anteilnahme und Gefühle wie Liebe und Harmonie. Ihr Aszendent gibt Hinweise auf Ihren spirituellen Weg und Ihre spirituellen Ziele. Um Ihr Mondzeichen und Ihren Aszendenten herauszufinden, sollten Sie anhand Ihrer Geburtsdaten ein Horoskop anfertigen lassen.

Informationen über Seminare von Andy Baggott und Sally Morningstar erhalten Sie bei:

> Almadel Natural Health Practice
> PO Box 2453
> Frome, Somerset
> BA 11 3 YN
> Great Britain

Dort können Sie auch Kassetten und Edelstein- und Blütenessenzen-Sets von Sally Morningstar bestellen.

KIM DA SILVA / DO-RY RYDL
Kinesiologie
Edu-Kinesthetik (Educational Kinesthetik) ist die einzige Form von Kinesiologie, die der Laie anwenden kann. Ohne auf einen Therapeuten angewiesen zu sein, kann man in eigener Verantwortung üben und täglich etwas für sein Wohlbefinden tun.

ISRAEL REGARDIE
Entspannung ohne Stress
Entspannung heißt einfach, Muskel- oder Nervenanspannungen loszulassen, es bedeutet aber zugleich, in sich selbst Harmonie zu finden. Israel Regardie führt Sie mit vielen leichten Übungen sanft zu tiefer Entspannung.

CHRISTINE KOENIGSTEIN
Bewusste Gesundheit durch Qi Gong
Auch westliche Ärzte erkennen inzwischen die Möglichkeiten, mit dem ganzheitlichen Ansatz von Qi Gong Stress zu reduzieren und die Heilung von Krankheiten zu unterstützen. Christine Koenigstein stellt ein Programm für Anfänger zusammen. Die Übungen sind einfach, leicht erlernbar und können bis ins hohe Alter nachvollzogen werden.

WONG KIEW KIT
Die Kunst des Qi Gong
Umfassend und differenziert beschreibt das Handbuch die altchinesische Kunst der Energieaktivierung durch Atem- und Imaginationstechniken. Wong Kiew Kit erklärt die philosophischen Prinzipien, die dem Qi Gong zugrunde liegen und erläutert, wie und warum Qi Gong Krankheiten heilen und körperliche Fitness fördern kann. Faszinierende Beispiele veranschaulichen das einfache Körper-Geist-System.

THOMAS SCHÄFER
Was die Seele krank macht und was sie heilt

Thomas Schäfer bringt die Erkenntnisse des bekannten Psychotherapeuten Bert Hellinger auf den Punkt: Die Familie ist das zentrale soziale System und der Verursacher von Freud und Leid. Durch Hellingers Therapie können krank machende Dynamiken gelöst werden.

BERND FREDERICH
Wenn Partnerschaft krank macht

Die Ursachen von Krankheiten liegen oft innerhalb von Beziehungen und Familien. Anhand von zahlreichen Fallbeispielen zeigt der Autor, wie vorhandene Muster erkannt und Wahrnehmungs- und Verhaltensänderungen herbeigeführt werden können.

EDWARD BACH / JENS-ERIK PETERSEN
Heile dich selbst mit den Bach-Blüten

Nach dem Verfahren von Dr. Bach werden primär seelische Zustände wie Unzufriedenheit, Groll, Aufregung, Angst, Besorgnis etc. behandelt. Hierzu leitet das vorliegende Buch mit seinen ausführlichen Beschreibungen der Qualitäten der 39 Bachblüten an.

ERICH BALLINGER
Lerngymnastik für Kinder

Bereits im Kindergartenalter angewandt, zielen diese Übungen darauf ab, Lernschwierigkeiten durch die Zusammenschaltung der rechten und der linken Gehirnhälfte gar nicht erst aufkommen zu lassen.